浙江省重点建设高校优势特色学科(浙江工商大学统计学)
统计数据工程技术与应用协同创新中心(浙江省2011协同创新中心)
浙江工商大学之江大数据统计研究院   联合资助
浙江工商大学经济运行态势预警与模拟推演实验室

浙江省临海开发区发展与评估研究

茅克勤　陈　骥　著

浙江工商大学出版社
ZHEJIANG GONGSHANG UNIVERSITY PRESS
·杭州·

图书在版编目（CIP）数据

　浙江省临海开发区发展与评估研究 / 茅克勤，陈骥
著. — 杭州：浙江工商大学出版社，2021.12
　ISBN 978-7-5178-4219-4

　Ⅰ.①浙… Ⅱ.①茅… ②陈… Ⅲ.①沿海经济-经济开
发区-区域经济发展-研究-浙江 Ⅳ.① F127.55

　中国版本图书馆CIP数据核字（2020）第257440号

浙江省临海开发区发展与评估研究
ZHEJIANG SHENG LINHAI KAIFAQU FAZHAN YU PINGGU YANJIU

茅克勤　陈　骥　著

责任编辑	谭娟娟
责任校对	韩新严
封面设计	红羽文化
责任印制	包建辉
出版发行	浙江工商大学出版社
	（杭州市教工路198号　邮政编码310012）
	（E-mail：zjgsupress@163.com）
	（网址：http://www.zjgsupress.com）
	电话：0571-88904980，88831806（传真）
排　　版	杭州红羽文化创意有限公司
印　　刷	杭州高腾印务有限公司
开　　本	710mm×1000mm　1/16
印　　张	13.75
字　　数	211千
版 印 次	2021年12月第1版　2021年12月第1次印刷
书　　号	ISBN 978-7-5178-4219-4
定　　价	45.00元

序

由内陆走向海洋，由海洋走向世界，是世界历史上强国发展的必由之路。历史的经验反复告诉我们，一个国家"向海则兴、背海则衰"。21世纪更被世界各国称为"海洋世纪"。

党中央和国务院高度重视海洋事业的发展，将海洋开发与利用上升为国家发展战略。2008年，国务院发布了新中国成立以来首个海洋领域的总体规划——《国家海洋事业发展规划纲要》，指导海洋事业的全面、协调和可持续发展。2012年11月，党的十八大报告中指出："中国将提高海洋资源开发能力，坚决维护国家海洋权益，建设海洋强国。"自此，"建设海洋强国"战略被明确提出。2013年7月30日，中共中央政治局就建设海洋强国召开第八次集体学习会，习近平总书记在会上对建设海洋强国的重要意义、道路方向和具体路径做了系统的阐述，把建设海洋强国融入"两个一百年"奋斗目标里，融入实现中华民族伟大复兴"中国梦"的征程之中，提出"建设海洋强国"的"四个转变"要求。2017年10月，习近平总书记在党的十九大报告中进一步强调了要"坚持海陆统筹，加快建设海洋强国"。在"建设海洋强国"战略的指引下，沿海各省市积极落实中央决策部署，纷纷提出了发展海洋经济的相关政策与规划，如浙江、山东、福建、广东等地均提出了"建设海洋强省"的目标。值得一提的是，早在2003年，时任中共浙江省委书记的习近平同志就为浙江省擘画全省持续坚持的"八八战略"之一，即"发挥浙江的山海资源优势，建设海洋经济强省战略"。

"建设海洋强国"战略涉及海洋资源开发利用、海洋经济发展、海洋生态环境保护、海洋科技创新、海洋权益与国家安全维护、海洋文化建设与交流、海洋命运共同体建设等领域。这些领域相互制约，相辅相成；其中海洋经济是核心内容，是"建设海洋强国"战略的关键环节，更是重要驱动力。推进海洋经济的高质量发展，离不开相应的统计调查、核算、评估与监测体系建设。

自 2005 年以来，浙江工商大学海洋经济统计研究团队一直参与浙江省海洋经济相关主管部门的统计工作，承担过浙江省海洋经济调查、海洋经济评估模型研究及海洋经济监测平台建设等任务，与浙江省海洋技术中心、浙江省海洋科学院有着紧密的科研合作。2019 年，浙江工商大学统计与数学学院牵头组织团队，联合浙江省海洋科学院，开展海洋经济统计系列专著的撰写工作。团队选定了海洋经济发展评估、海岛经济发展、海洋工程建设、海洋节能减排、海洋经济监测等多个主题，利用公开的各类海洋经济统计资料，开展了大量的数据收集、统计分析与综合评价等工作。

该系列专著得到了浙江省重点建设高校优势特色学科、统计数据工程技术与应用协同创新中心（浙江省 2011 协同创新中心）的资助，也得到了浙江省自然资源厅、浙江省统计局、浙江省海洋科学院等单位的指导和支持，还得到了浙江工商大学出版社的配合。我们希望本系列专著的出版，能够展示浙江省海洋经济发展的现状和发展趋势，为海洋经济相关主管部门的政策制定提供基础依据。但由于团队所掌握的统计资料不够全面，研究能力与海洋经济发展的实际需求有一定的脱节，此次出版的系列专著中还存在许多不足和可供进一步讨论的内容，欢迎专家学者们批评指正。

海洋经济发展是一项长期发展的国家战略。我们相信在学术界、实务界的共同推动下，海洋经济统计体系建设必定会取得长足进步，为我国经济高质量发展增添不竭动力。

苏为华

于浙江工商大学

目　录

第一章 绪论

海洋是沿海国家的重要空间和资源基地，我国是拥有300万平方公里管辖海域、1.8万公里大陆海岸线的海洋大国，发展并壮大海洋经济是我国经济转向高质量发展过程中解决资源和环境问题的重要途径。2008年，国务院批准的《国家海洋事业发展规划纲要》是我国首个海洋领域总体规划。党的十八大报告提出建设海洋强国重大战略部署，国家发展战略从重视陆域转向陆海统筹，"十二五"时期成为我国海洋经济发展的重要战略机遇期。党的十九大报告明确要求坚持海陆统筹、加快建设海洋强国，并将建设海洋强国从生态文明建设移至现代化经济体系部分，说明蓝色正逐渐渗入中国经济的底色。

浙江省不仅是经济大省，亦是海洋大省，海洋资源丰富、区位优势明显、战略地位突出。2011年，国务院批复了《浙江海洋经济发展示范区规划》；2012年，《全国海洋经济发展"十二五"规划》将浙江省沿岸及海域的功能定位为：我国重要的大宗商品国际物流中心、海洋海岛开发开放改革示范区、现代海洋产业发展示范区、海陆协调发展示范区、海洋生态文明和清洁能源示范区；2013年，国务院批复了《浙江舟山群岛新区发展规划》，由此浙江海洋经济发展示范区和舟山群岛新区建设上升为国家战略；2017年，《全国海洋经济发展"十三五"规划》将上述海陆协调发展示范区调整为海洋渔业可持续发展示范区。由此可见，对浙江省而言，海岛等各类海洋经济开发区是建设海洋强省、实现陆海统筹的重要依托。

目前，浙江省共有6个海岛县、58个海岛乡（镇、街道）和46个临海开发区，涉及7个沿海城市：杭州、宁波、温州、嘉兴、绍兴、舟山和台州。虽然，近年来国家层面和省级层面陆续出台了一系列有关海洋经济的政策，如《关于促进海洋经济高质量发展的实施意见》《浙江省现代海洋产业发展规划（2017—2022）》等，但由于规划期尚未结束，部分相关数据无法进行调查和收集，本书所涉海洋经济分析数据以"十二五"规划和《浙江海洋经济发展示范区规划》的收官之年——2015年时期的数据为主。本章简要概述浙江省海洋经济、海岛及临海开发区的基本情况与规划目标，后续章节将分别对浙江省海岛及临海开发区的发展状况进行系统分析与评估。

第一节 | 浙江省海洋经济概况

浙江省的地区生产总值一直稳居全国第4位，仅次于广东省、江苏省和山东省。在浙江省所辖11个地级市中，共有7个是沿海地级市，沿海城市的地区生产总值贡献率达到80%以上。2015年，浙江省海洋生产总值占地区生产总值的比重为14.41%，经济形态和开放格局呈现出鲜明的"依海"特征，可见，海洋资源的开发利用和海洋经济的发展壮大已然成为推动浙江省经济和社会发展的重要引擎。

一、浙江省经济发展情况

2015年，浙江省地区生产总值为42 886.50亿元，按照现价计算，较2014年增长6.75%。其中，杭州等7个沿海城市的地区生产总值合计为35 302.40亿元，占全省地区生产总值的比例约为82.32%，按照现价计算，较2014年增长6.52%。相关数据可见表1.1。

分三次产业来看，2015年，全省第一产业增加值为1832.90亿元，按照现价计算，较2014年增长4.52%；第二产业增加值为19 711.70亿元，按照现价计算，较2014年增长1.30%；第三产业增加值为21 341.90亿元，按照现价计算，较2014年增长10.81%。

从沿海城市与非沿海城市的对比来看，2015年，浙江省沿海城市地区三产增加值占全省三产增加值的比重均高于75%。相较于非沿海城市而言，沿海城市更倚重第三产业，其第三产业增加值占全省增加值的比重高达50.34%。其中，7个沿海城市的第一产业增加值合计为1380.98亿元，第二产业增加值合计为16 150.70亿元，第三产业增加值合计为17 770.70亿元，占全省三次产业增加值的比例分别为75.34%，81.93%和83.27%。与生产总值相对应的是，杭州与宁波两地第一产业、第二产业、第三产业的发展水平均领先于其他几个沿海城市。沿海城市与非沿海城市的产业结构对比情况可见图1.1。

表1.1　2015年浙江省及各沿海城市地区经济发展情况

单位：亿元

| 地　区 | 地区生产总值 | | | | | 规模以上工业总产值 | 农、林、牧、渔业总产值 |
	合　计	第一产业增加值	第二产业增加值	第三产业增加值	工业增加值		
全省	42 886.50	1832.90	19 711.70	21 341.90	17 217.50	66 818.95	2933.40
杭州市	10 050.20	287.95	3909.01	5853.25	3497.83	12 415.68	440.41
宁波市	8003.61	284.68	4098.22	3620.71	3632.86	13 869.46	447.32
温州市	4618.08	129.57	2022.59	2465.92	1677.53	4944.23	207.48
嘉兴市	3517.81	139.09	1850.68	1528.04	1668.57	7569.31	236.62
绍兴市	4465.97	198.94	2252.87	2014.15	1957.29	9746.38	303.25
舟山市	1092.85	111.01	449.63	532.21	356.17	1633.37	219.27
台州市	3553.85	229.75	1567.65	1756.45	1339.56	3852.24	404.77
沿海城市	35 302.38	1380.98	16 150.70	17 770.70	14 129.80	54 030.67	2259.10
非沿海城市	7584.12	451.92	3561.00	3571.20	3087.70	12 788.28	674.30

注：表中所有数据均按当年价格计算。

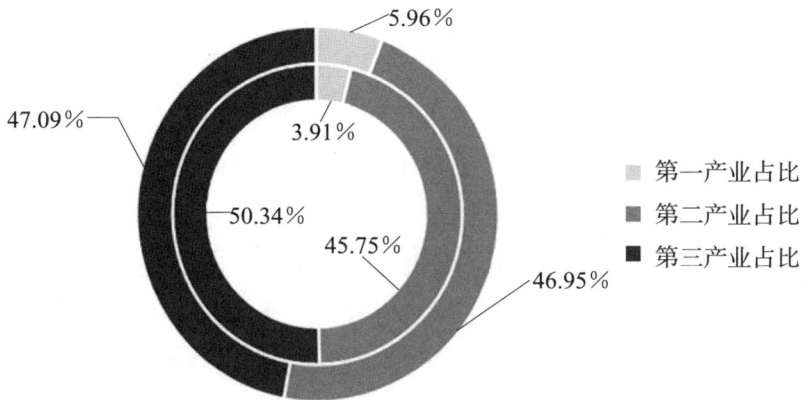

图1.1　2015年浙江省沿海城市与非沿海城市产业结构现状

注：由内而外分别为沿海城市和非沿海城市。

从相关沿海城市的数据来看，宁波市的工业增加值最大，为3632.86亿元，杭州市的工业增加值次之，为3497.83亿元，都明显高于其他几个沿海地区。宁波市规模以上工业总产值最高，达13 869.46亿元；杭州市规模以上工业总产值水平仅次于宁波市，达12 415.68亿元；再其次是绍兴市，其规模以上工业总产值为9746.38亿元。

在农、林、牧、渔业总产值方面，2015年，浙江省该数据达2933.40亿元，7个沿海城市达2259.10亿元，占全省总值的比重高达77.01％。在7个沿海城市中，宁波、杭州和台州三地发展规模大于其他几个沿海地区。

二、浙江省海洋经济发展情况

通过《中国海洋统计年鉴》获取浙江省海洋及相关产业总产出和增加值的基本情况。2015年，浙江省海洋及相关产业总产出共计20 110.56亿元，较2014年增长2.32％。其中，第一产业总产出共计781.42亿元，占全省海洋及相关产业总产出的比重为3.89％；第二产业总产出为10 935.79亿元，占全省海洋及相关产业总产出的比重为54.38％；第三产业总产出为8393.35亿元，占全省海洋及相关产业总产出的比重为41.74％。三次产业总产出分别比2014年增长10.15％，－2.53％，8.64％，如表1.2所示。

表1.2　浙江省海洋及相关产业总产出与增加值基本情况

单位：亿元

指　标	2015年		2014年	
	总产出	增加值	总产出	增加值
海洋及相关产业合计	20 110.56	6180.14	19 655.05	5758.20
第一产业	781.42	462.02	709.39	427.55
第二产业	10 935.79	2433.21	11 219.49	2262.60
涉海工业	8790.08	2012.69	9199.01	1865.90
涉海建筑业	2145.71	420.52	2020.48	396.74
第三产业	8393.35	3284.92	7726.17	3068.10

2015年，浙江省海洋及相关产业增加值共计6180.14亿元，按现价计算，较2015年增长7.30％，高于浙江省经济增速的6.75％。其中，海洋第一产业、第二产业、第三产业，分别实现增加值462.02亿元、2433.21亿元、3284.92亿元，较2014年分别增长了8.10％，7.50％，7.10％。

通过杭州、宁波、温州等地区的政府工作报告和相关政府文件获取各地区海洋生产总值情况。其中，宁波市、温州市和舟山市的海洋生产总值位居前3位。其中，杭州市海洋生产总值共计398.70亿元，占全市地区生产总值的3.97%；宁波市海洋生产总值共计1267.60亿元，占全市地区生产总值的15.84%；温州市海洋生产总值共计790.47亿元，占全市地区生产总值的17.12%；嘉兴市海洋生产总值共计453.15亿元，占全市地区生产总值的12.88%；绍兴市海洋生产总值共计258.68亿元，占全市地区生产总值的5.79%；舟山市海洋生产总值共计765.15亿元，占全市地区生产总值的70.01%；台州市海洋生产总值共计480.67亿元，占全市地区生产总值的13.53%。相关数据可见表1.3。

表1.3 2015年浙江省及各沿海城市地区海洋生产总值情况

地　区	海洋生产总值（亿元）	地区生产总值（亿元）	占地区生产总值的比重（%）
杭州市	398.70	10 050.00	3.97
宁波市	1267.60	8003.60	15.84
温州市	790.47	4618.10	17.12
嘉兴市	453.15	3517.80	12.88
绍兴市	258.68	4466.00	5.79
舟山市	765.15	1092.90	70.01
台州市	480.67	3553.90	13.53
浙江省	6180.10	42 886.00	14.41

同时，就全国范围而言，浙江省海洋生产总值占全国各沿海地区海洋生产总值的9.2%，在全国11个沿海地区中排名第6；浙江省海洋生产总值占GDP的比重为14.4%，在全国11个沿海省市区中排名第8。如表1.4所示。

表1.4 2015年全国沿海地区海洋生产总值情况

地　区	地区海洋生产总值占GDP的比重（%）	地区海洋生产总值占各沿海地区海洋生产总值的比重（%）
天津市	29.8	7.5
河北省	7.1	3.3
辽宁省	15.5	5.4
上海市	26.9	10.3

地 区	地区海洋生产总值占 GDP的比重(%)	地区海洋生产总值占各沿海地区海 洋生产总值的比重(%)
江苏省	8.7	9.3
浙江省	14.4	9.2
福建省	27.2	10.8
山东省	19.7	19.0
广东省	19.8	22.0
广西壮族自治区	6.7	1.7
海南省	27.1	1.5

三、浙江省海洋优势产业与特点

通过《中国海洋统计年鉴》获取浙江省和全国海洋渔业、水产品加工业等相关数据。从产业的增加值来看，滨海旅游业、海洋服务业、海洋科研教育管理服务业、海水利用业和海洋设备制造业等五大产业规模较大，对全省海洋产业增加值的贡献合计达到59.18%。而从总产出来看，滨海旅游业、海洋设备制造业、海洋服务业、涉海产品及材料制造业和海洋科研教育管理服务业等五大产业规模较大，合计占全省海洋产业总产出的53.04%。海洋经济分产业的总产出和增加值情况可见表1.5。

表1.5 2015年浙江省海洋产业主要规模指标

单位：亿元

产 业	总产出	增加值
海洋渔业	633.40	355.48
海洋水产品加工业	496.44	66.32
海洋矿业	40.19	9.87
海洋盐业	8.12	2.64
海洋化工业	917.85	161.21
海洋生物医药业	237.74	75.35
海洋电力业(海洋能、海洋风能等)	21.22	11.85
海水利用业(包括火电、核电、海水淡化等)	1542.07	611.02
海洋船舶工业	1348.02	246.32
海洋工程建筑业	880.71	172.60

续　表

产　业	总产出	增加值
海洋交通运输业	1365.69	371.81
滨海旅游业	2774.95	963.40
海洋科研教育管理服务业	1589.90	689.55
其他相关产业	8254.26	2442.70
海洋农林业	148.02	106.53
海洋设备制造业	2389.63	441.30
涉海产品及材料制造业	1788.80	386.82
涉海建筑与安装业	1265.00	247.91
海洋批发与零售业	539.68	307.76
海洋服务业	2123.13	952.38
合计	20 110.56	6180.13

为更详细地分析全省的优势产业，现对表1.5中的各产业总产出和增加值数据按照其占全省海洋产业总产出和增加值的比重进行排序，排序结果列于各变量右侧，具体结果见表1.6。

表1.6　2015年浙江省主要海洋产业规模的排名

指　标	总产出占比(%)	排　序	增加值占比(%)	排　序
海洋渔业	3.15	12	5.75	8
海洋水产品加工	2.47	14	1.07	16
海洋矿业	0.20	17	0.16	18
海洋盐业	0.04	19	0.04	19
海洋化工业	4.56	10	2.61	13
海洋生物医药业	1.18	15	1.22	15
海洋电力业(海洋能、海洋风能等)	0.11	18	0.19	17
海水利用业(包括火电、核电、海水淡化)	7.67	6	9.89	4
海洋船舶工业	6.70	8	3.99	11
海洋工程建筑业	4.38	11	2.79	12
海洋交通运输业	6.79	7	6.02	7
滨海旅游业	13.80	1	15.59	1

指　标	总产出占比(%)	排　序	增加值占比(%)	排　序
海洋科研教育管理服务业	7.91	5	11.16	3
海洋农林业	0.74	16	1.72	14
海洋设备制造业	11.88	2	7.14	5
涉海产品及材料制造业	8.89	4	6.26	6
涉海建筑与安装业	6.29	9	4.01	10
海洋批发与零售业	2.68	13	4.98	9
海洋服务业	10.56	3	15.41	2

　　从省内发展情况来看，滨海旅游业、海洋服务业、海洋设备制造业和海洋科研教育管理服务业这4个海洋产业，无论是按照海洋总产出占比排序还是按照海洋增加值占比排序，其结果都位于前5名，说明这4个海洋产业的整体发展水平明显高于其他海洋产业及海洋相关产业。

　　具体来看，无论是从总产出占比还是从增加值占比出发，滨海旅游业的占比排序均处于第1名，其海洋总产出占比为13.80%、海洋增加值占比高达15.59%，可见滨海旅游业的整体发展水平在全省海洋产业中处于领先地位。在总产出占比中排名第2的海洋设备制造业的增加值占比排名第5，其海洋总产出占比为11.88%、海洋增加值占比为7.14%，整体发展水平也较高。海洋总产出占比为10.56%、排名第3的海洋服务业，其海洋增加值占比高达15.41%，排名仅次于滨海旅游业。在海洋总产出占比排序中位于第4的涉海产品及材料制造业的增加值占比排序跌出前5名，其海洋总产出占比为8.89%，而增加值占比仅为6.26%。与其情况相反的是海水利用业，其海洋总产出占比仅为7.67%，排名第6，但其海洋增加值占比达9.89%，高于涉海产品及材料制造业，排名第4。此外，海洋科研教育管理服务业的海洋总产出占比为7.91%，排名第5，而其海洋增加值占比高达11.16%，排名跃升至第3。

　　为了更直观地反映浙江省各海洋产业的发展情况及其在全国的水平状况，现将浙江省主要海洋产业增加值与全国主要海洋产业增加值进行对比，具体结果如表1.7所示。可以看出，浙江省海洋生物医药业增加值占全国增加值的25.48%，其次是海洋船舶工业（17.04%）、海洋化工业（16.72%）、海洋矿业（15.45%），占比均超过15%。这说明浙江省的这些海洋产业在全国范围内规模占优。

表1.7　2015年浙江省及全国主要海洋产业增加值

产　业	浙江省增加值 （亿元）	全国增加值 （亿元）	浙江省增加值 占比（%）
海洋渔业	355.48	4317.4	8.23
海洋矿业	9.87	63.9	15.45
海洋盐业	2.64	41.0	6.44
海洋化工业	161.21	964.2	16.72
海洋生物医药业	75.35	295.7	25.48
海洋电力业（海洋能、海洋风能等）	11.85	120.1	9.87
海洋船舶工业	246.32	1445.7	17.04
海洋工程建筑业	172.60	2073.5	8.32
海洋交通运输业	371.81	5641.1	6.59
滨海旅游业	963.40	10 880.6	8.85

四、浙江省海洋经济结构特征分析

根据《浙江统计年鉴》和《中国海洋统计年鉴》，浙江省的海洋经济结构形成了"三、二、一"的格局。从各产业的增加值占比来看，第三产业比重最高，为53.15%。

从增加值率来看，则为"一、三、二"的结构。其中，虽然第二产业的海洋总产出规模最大，达10 935.79亿元，但由于其增加值率较低，增加值规模仅为2433.21亿元，低于第三产业的3284.92亿元。具体数值见表1.8。

表1.8　2015年浙江省海洋经济规模

指　标	总产出（亿元）	增加值（亿元）	增加值率（%）
第一产业	781.42	462.02	59.13
第二产业	10 935.79	2433.21	22.25
第三产业	8393.35	3284.92	39.14
合　计	20 110.56	6180.14	30.73

对比全省经济相关规模指标可以看出，浙江省海洋总产出占全省总产出的比重为13.87%。其中：第一产业海洋总产出占全省第一产业总产出的比重最高，为27.24%；其次是第三、二产业，比重分别为19.07%，11.14%。

从增加值贡献率来看，浙江省海洋增加值占全省地区生产总值的比重为14.41%，其中第一产业海洋增加值占全省第一产业增加值的比重最高，为25.21%，其次为第三、二产业，比重分别为15.39%，12.34%。

从增加值率水平来看，浙江省海洋总增加值率为30.73%，而全省经济增加值率为29.57%，说明海洋经济的经济增长质量相对于全省经济增长质量而言更高。细分到不同产业可以看出，海洋第一、三产业的增加值率均高于全省经济增加值率，说明海洋第一、三产业的经济增长质量高于全省经济增长质量。而海洋第二产业的增加值率则略低于全省经济增加值率。相关数据如表1.9、表1.10所示。

表1.9　2015年浙江省全省与海洋经济占比

指　　标	海洋总产出（亿元）	全省总产出（亿元）	占比（%）	海洋增加值（亿元）	全省增加值（亿元）	占比（%）
第一产业	781.42	2868.38	27.24	462.02	1832.91	25.21
第二产业	10 935.79	98 158.04	11.14	2433.21	19 711.67	12.34
第三产业	8393.35	44 003.34	19.07	3284.92	21 341.91	15.39
合　计	20 110.56	145 029.76	13.87	6180.14	42 886.49	14.41

表1.10　2015年浙江省经济规模及增加值率

指　　标	总产出（亿元）	增加值（亿元）	增加值率（%）
第一产业	2868.38	1832.91	63.90
第二产业	98 158.04	19 711.67	20.08
第三产业	44 003.34	21 341.91	48.50
合　计	145 029.76	42 886.49	29.57

为了更好地对比说明，我们整理了海洋经济的三次产业结构、全省经济的三次产业结构，并形成了图1.2。从图1.2中可以看出，海洋第一产业和第

三产业的比重均大于全省第一产业和第三产业的比重，说明海洋第一产业和第三产业的发展优于全省第一产业和第三产业的发展。而海洋第二产业所占比重明显低于全省经济第二产业的比重。但从整体来看，无论是海洋经济还是全省经济的产业结构，均是第三产业所占比重最高，其次是第二产业。

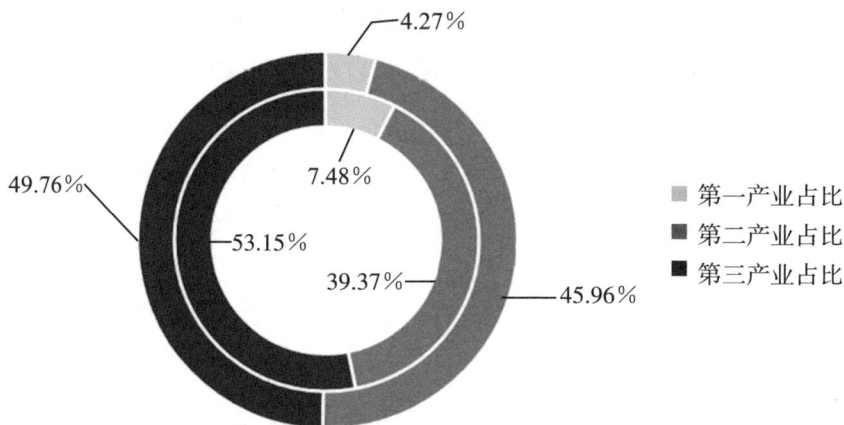

图1.2　2015年浙江省海洋经济产业结构与全省经济产业结构的对比

注：由内向外分别为全省经济和全省海洋经济。由于部分数据为约数，浙江省经济的数据相加不为100%。

第二节｜浙江省海岛概况

根据行政级别，可将海岛划分为海岛县和海岛乡（镇、街道）。海岛县，即行政管辖区域仅包括海岛及周边海域，行政建制为县级的行政区，包括县（县级市、市辖区）；海岛乡（镇、街道），即行政管辖区域全部为海岛及周边海域，行政建制是乡（镇、街道），下文简称海岛乡镇。目前，浙江省共有6个海岛县和58个海岛乡镇，涉及4个沿海地级市：宁波市、温州市、舟山市和台州市。现对浙江省海岛的地理分布、资源环境和规划目标等情况进行概述。

一、浙江省海岛地理分布情况

（一）海岛数量及分布

浙江省海岛分布于27°05.9′N至30°51.8′N、120°27.7′E至123°09.4′E，分

别隶属于宁波市、温州市、舟山市和台州市。浙江省海岛分布态势呈现的明显特征为东西成列、南北成链、面上成群，其中有26个海岛的面积大于10平方公里，2878个海岛面积大于500平方米，其中舟山岛面积达到502.65平方公里，是浙江省第一大岛、中国第四大岛。

　　从行政区划上看，浙江省拥有1个地级市岛、6个县级岛、58个海岛乡镇，其中舟山市的海岛数量和有居民海岛数量最多，其普陀区海岛数量在浙江省沿海县（区）中居于首位。浙江省海岛县和海岛乡镇的名单如表1.11和表1.12所示。

表1.11　浙江省海岛县（区）名单

市	县(区)
舟山市	定海区
	普陀区
	岱山县
	嵊泗县
温州市	洞头区
台州市	玉环县

表1.12　浙江省海岛乡镇名单

市	县(区)	乡　镇
宁波市	北仑区	大榭街道
		梅山乡
	象山县	鹤浦镇
		高塘岛乡
温州市	洞头区	北岙街道
		东屏街道
		元觉街道
		霓屿街道
		大门镇
		鹿西乡

市	县(区)	乡　镇
舟山市	定海区	环南街道
		城东街道
		盐仓街道
		临城街道
		岑港街道
		马岙街道
		双桥街道
		小沙街道
		金塘镇
		白泉镇
		干览镇
	普陀区	东港街道
		沈家门街道
		朱家尖街道
		展茅街道
		六横镇
		虾峙镇
		桃花镇
		东极镇
		普陀山镇
	岱山县	高亭镇
		东沙镇
		岱东镇
		岱西镇
		长涂镇
		衢山镇
		秀山乡
	嵊泗县	菜园镇
		嵊山镇
		洋山镇
		五龙乡
		黄龙乡
		枸杞乡
		花鸟乡

市	县（区）	乡　镇
台州市	椒江区	大陈镇
	玉环县	玉城街道
		坎门街道
		大麦屿街道
		清港镇
		楚门镇
		干江镇
		沙门镇
		芦浦镇
		龙溪镇
		鸡山乡
		海山乡
	三门县	蛇蟠乡

（二）海岛的地理概况

浙江省地处我国黄金海岸线的中段，海域面积达26万平方公里，海岸线总长达6486公里，占全国海岸线总长的20.3%，居中国首位，各地市海岛地理概况相关数据如表1.13所示。

表1.13　浙江省海岛的地理概况

市	海岛县（个）	海岛乡镇（个）	海域总面积（平方公里）	岸线总长（公里）	岛屿（个）	陆域面积（平方公里）
宁波市	0	4	8356	1594	614	9816
温州市	1	7	11 000	355	419	12 083
舟山市	4	34	20 800	2444	1390	1371
台州市	1	13	6910	1660	691	9411

宁波市地处我国海岸线中段，有4个海岛乡镇，分别隶属于北仑区和象山县。宁波市地理位置优越，是浙东交通枢纽，沿海有众多优良港口，贸易运输发达、货物往来频繁。宁波全市海域总面积为8356平方公里，大小岛屿共有614个，面积为263平方公里，岸线总长为1594公里，约占全省海岸线

的25%。鹤浦镇（南田岛）是宁波市第一大海岛，位于象山县南端，面积为84平方公里；高塘岛的陆地面积为39平方公里，是宁波市第二大岛；大榭岛是宁波市第三大海岛，总面积为28平方公里；梅山岛面积为27平方公里，是宁波市第四大海岛。

温州市位于浙江省东南部，东海西岸，南部毗邻福建省，西部和北部分别与丽水市、台州市接壤。温州市陆域面积为12 083平方公里，海域面积为11 000平方公里，陆地海岸线长355公里，境内有1个海岛县及海岛县下属的7个海岛乡镇，有岛屿共419个。洞头区面积为2862平方公里，其中陆地面积仅占5%左右，有大小岛屿共302个。洞头区的大小门港和状元岙港是温州市的两大核心港区，其中：状元岙港区有多条国际航线，可与日本、俄罗斯等通航；大小门港区发展潜力巨大，可建设30万吨级泊位。随着温州城市发展策略的调整，洞头区已成为温州向东面海洋发展的关键阵地。

舟山市是浙江省唯一的地级市海岛，全市共有4个海岛县和34个海岛乡镇。舟山群岛是我国第一大群岛，岛屿数量约占全国的20%，海域面积达到20 800平方公里。舟山境内共有1390个小岛，数量约占浙江省总数的45%，其中面积在1平方公里以上的岛屿有58个，例如舟山岛、衢山岛、六横岛等，其中舟山岛总面积为503平方公里，在全国排名第4。舟山市地域优势较强，踞我国东南沿海，长江口南侧，东部濒临太平洋，南部与宁波市相接，西部临近杭州湾，面向上海市、杭州市、宁波市等长江三角洲辽阔腹地。舟山市是重要的海上交通枢纽和对外开放门户，地处南北沿海航线与长江水道交汇处，与其他亚太港口城市形成扇形辐射之势。

台州市地处浙江省中部沿海，全国海岸带中段，下辖1个海岛县和13个海岛乡镇。台州市陆域面积为9411平方公里，山地、丘陵地形占陆域面积的73.9%，生态环境较好，森林覆盖率达到60.3%，内水和海域面积达6910平方公里，海岸线长达1660公里。台州市陆域与宁波、绍兴、金华、丽水、温州等5个地区接壤，东部毗邻东海。玉环地处台州市东南部，整体位于东经121°05′至121°32′、北纬28°01′至28°19′之间，南与温州市洞头县相连，西与温州市乐清市相望，北与温岭市接壤。

二、浙江省海岛资源环境情况

（一）海岛自然资源条件

浙江省海洋资源、盐田资源、水资源、矿产资源等自然资源十分丰富。浙江省岸长水深，约290公里的深水岸线可用于建造万吨级以上泊位，约106公里的深水岸线可用于建造10万吨级以上泊位，适宜建造泊位的海岸线占全国1/3以上。浙江省的潮汐能集中分布在宁波和台州两地，海风能主要分布在甬温舟台等地。舟山市、宁波市和台州市分布有规模较大的盐田区，如舟山市中南部岛屿盐田区、宁波市象山港北部盐田区、台州市南部盐田区等。石油和天然气等矿产资源主要分布在浙江省东海大陆架盆地。

宁波市的矿产资源、海洋资源十分丰富。全区有85种已探明的矿产资源，其中大部分为非金属矿。位于东海凹陷区域的春晓油气田，距离宁波市东南约350公里，总面积约为22 000平方公里，天然气储量达700多亿立方米。宁波市的无居民海岛植被保护较好，具有较高的开发价值，且渔业资源结构多样，海洋初级生产力较高，是理想的海洋生物繁殖场所，同时滩涂贝类种类多样。宁波市海岛可供开发利用的风时为68％至75％，平均风速大于5米/秒，风能开发潜力巨大。

温州市洞头区滩涂面积广阔，10米等深线以内浅海约为27万亩，潮间带滩涂约为10万亩。洞头渔场是浙江省的重要渔场之一，渔场总面积约为4800多平方公里，有300多种常年洄游的鱼、虾、蟹，其中有40多种常见鱼类。

舟山市坐拥我国渔业资源最丰富的地区。舟山市浅海滩涂、近岛海域面积宽阔，沿岸有多条河流入海，海域内具有丰富的有机质，可以为海洋鱼类生长、发育和繁殖提供充足的营养。舟山群岛地理位置特殊，生态环境优良，是国家一级保护植物普陀鹅耳枥唯一的分布地。此外，舟山群岛还是多种海鸟的栖息地和候鸟迁徙的重要中转场所。舟山市矿产以非金属矿产为主，主要是建筑石料，金属矿产相对贫乏，矿产开发利用价值相对不足。

台州市有木本植物993种，物种隶属于93科324属，因地形以山地和丘陵为主，植物资源分布呈现明显的垂直分异特征。台州市以非金属矿产为主，已发现矿产种类30余种，其中20种矿产已查明资源储量，有49个矿产地已经过地质勘查，建筑用石料、萤石等矿种储量丰富，地热资源开发潜力较大。2015年，台州市全年降水总量为177.16亿立方米，水力资源蕴藏量为53.71万千瓦，可开发量为36.2万千瓦；潮汐能可开发量为104.81万千瓦，其中已开发3450千瓦，水力资源和潮汐能开发潜力巨大。

（二）海岛旅游资源条件

浙江省海岛县主要分布在温州、舟山和台州等地，具体为洞头区、定海区、普陀区、岱山县、嵊泗县、玉环县等。根据《中国环境统计年鉴》和《中国第三产业统计年鉴》，浙江省6个海岛县共有5个自然保护区，占我国已建成各类海岛保护区个数的1.11%，总面积为113 387公顷①，各地与旅游相配套的饭店共计78家，房间配备客房8674间。相关数据可见表1.14。

表1.14　2015年浙江省海岛县旅游资源和配套设施情况

市	县(区)	自然保护区个数(个)	自然保护区面积(公顷)	星级饭店个数(家)	星级饭店客房总数(间)
温州市	洞头区	2	90 114	2	108
舟山市	定海区	1	500	7	608
	普陀区	1	20 290	59	6828
	岱山县	1	2483	6	517
	嵊泗县	0	0	0	0
台州市	玉环县	0	0	4	613
共计		5	113 387	78	8674

温州市拥有丰富的滨海旅游资源，积极建设旅游创意综合体，打造山海联动、蓝色海洋、海洋生态度假、海岛等旅游品牌。洞头区新增2个自然保护区，占地面积为90 114公顷，建成星级饭店2家，星级饭店客房总数为108间。

台州市以滨海城市为依托，以海岸线和海岛链为轴线，着重突出海洋风光和海岛风情相融合的海洋旅游特色。台州市海岛地区建设星级饭店4家，配有客房613间。

舟山群岛依赖其海岛优势和独特的海洋资源开发出一系列独具代表性的旅游产品，具体表现为两个方面：一方面是当地自然形成的特色海岛风光，

---

① 1公顷等于0.01平方公里。

另一方面是当地极具特色的海洋民俗文化及民间游艺习俗。舟山市主要的旅游吸引点位于普陀区，境内岛屿星罗棋布，以大岛为核心呈团簇状分布，海岸线蜿蜒曲折，普陀区的"旅游金三角"享誉全国。2015年，舟山市共计新增3个自然保护区，占地面积为23 273公顷，建成星级饭店72家，星级饭店客房数量达7953间，占2015年全年浙江省海岛县星级饭店客房建成总量的92％。

总体而言，海岛旅游既能使游客接触到阳光、沙滩和大海，又能享受海岛带来的天堂般的体验。大力发展海洋旅游相关产业，深挖旅游资源开发潜力，建设海岛休闲旅游综合度假区也是浙江省各级政府特别是海岛地区各级政府的战略选择。浙江省海岛地区各海岛县依托其区位优势和海岛文化资源、滨海生态环境等积极建设休闲旅游度假区，积极进行海滨生态旅游和旅游产品开发，不断延伸旅游产业链，深入推进全域景区化，扩大旅游经济规模。但就目前而言，浙江省海岛旅游产业仍受到管理水平较低、开发投入不足、精品旅游产品欠缺、产品类型同质性高、品牌意识淡薄、开发方式粗放、未完全发挥区位优势和缺乏系统性开发规划等诸多因素的制约，海岛旅游整体发展水平较差、层次偏低。

（三）海岛生态环境

浙江省岛屿数量多且岛屿面积较大，其中大多数岛屿在城镇建设、港口航运、临港工业、海洋渔业、生态旅游等领域均进行了不同程度的开发利用。然而，随着海岛开发进程的持续推进，海岛生态环境面临极大挑战，环境污染和海洋资源过度开发等一系列环境问题逐步显现。一方面，海洋生态环境遭受巨大改变，海岛近岸海域水质受无机氮、活性磷酸盐等污染，海域水体富营养化。海岛出现浅滩淤积、海岸侵蚀等现象，大量鸟类、鱼虾蟹、贝藻类等的生存繁衍受到极大影响。另一方面，由于海岛开发缺乏统一规划和科学统筹，旅游资源开发利用不合理，大面积开山采石等活动严重破坏了海岛生态环境，涂围垦工程则在很大程度上侵蚀了海岛面积，而滥捕滥采的渔业开发使得海岛及海岛生态圈自然环境进一步恶化，严重威胁了生物的物种多样性。

2015年，舟山市坚持统筹协调发展，扎实推进舟山渔场修复暨"一打三整治"行动。虽然舟山市海域水体无机氮和活性磷酸盐仍超标严重，但生态保护取得一定成效，对海洋特别保护区开展的环境质量监测显示，与2014年相比，保护区水质、沉积物质量基本稳定，浮游植物种类数目增加，浮游动物种类数目基本稳定，大型底栖生物种类数目减少，潮间带生物种类数目增加[1]。

2015年，台州市海域水体的主要污染物为无机氮和活性磷酸盐，其余监测指标基本符合第一类海水水质标准[2]。三门湾、台州湾及乐清湾的海水富营养化程度较高，有超过50%的海域全年处于富营养化状态，由于秋、冬季水环境质量进一步恶化，处于富营养化状态的海域面积超过85%。乐清湾部分海域在夏季符合第四类海水水质标准，其余海域全年无法达到第四类海水水质标准。此外，3个海湾沉积物质量尚可，仅铜、粪大肠菌群和石油类物质超标。台州市椒江及入海排污口携带的入海污染源相较2014年有所减少，但7个入海排污口仍均存在超标排放。

宁波市对全市海洋功能区划进行重新修编，不断完善海洋资源保护机制，对海洋生态环境的保护力度不断加强。此外，宁波市积极平衡海洋经济发展和海洋生态保护，持续推进海洋生态修复和海洋经济发展空间格局优化升级。

温州市大部分海域为第四类或劣四类海水水质，无机氮和活性磷酸盐等污染物严重超标。尽管春、夏季水体污染情况略好于秋、冬季，但海域环境状况仍不容乐观。垃圾"侵入"海滩的问题普遍存在，7处入海排污口中有6处超标排放。2015年赤潮发现次数较2014年有所减少，累计面积持平。

总体而言，"十二五"期间，浙江省稳步推进近岸海域污染防治和蓝色屏障建设等行动，海洋环境保护取得一定成效。在生态保护方面，各地海域海洋沉积物质量良好，海洋生物多样性保持稳定，水质有一定程度的改善，海洋生态环境质量整体有所改善；在污染防治方面，强化对企业直排入海的管理，控制和减少污染物入海量，重点推进多个海湾的污染整治，稳步推进近岸海域污染防治工作；在保护成果方面，共新建4个海洋自然保护区和海洋

---

① 引用自2017年舟山市海洋环境公报。
② 引用自2015年台州市海洋环境公报。

特别保护区，象山县、玉环县、洞头县、嵊泗县等4个海岛县生态文明建设成果显著。浙江省和各地市政府还组织开展海洋牧场建设、海湾湿地保护与修复、海岸带环境整治等工作，使海洋生态保护常态化、系统化；加强海洋环境检测，建立多个自建、共建海洋环境监测站，对近岸海域、入海排污口、赤潮应急等进行多项监测，构建10余项环境检测指标，对浙江省近岸海域的海洋环境质量进行网络化检测和管理；在海洋保护新模式上寻求突破和创新，温州市试点建立海洋生态红线制度，象山县试点建立陆源入海污染物总量控制制度，为其他地区生态保护、污染整治和限制资源环境超载提供了良好示范和技术支撑。

然而，浙江省海洋生态保护工作长期积累的根本性问题尚未得到解决，浙江省海洋生态环境保护目前还面临以下问题：第一，海洋生态环境保护尚未取得根本性成果，入海污染物总量仍维持在较高水平，活性磷酸盐等污染物超标严重，近岸水质仍然不断恶化，生物多样性不断降低；第二，海洋资源过度开发，捕捞作业强度大，远远超出最大可捕捞量，渔业资源不断缩减，而且沿海经济开发活动进一步威胁渔业资源的可持续发展；第三，缺乏有效保障的生态环境保护制度，个别地区对重要海洋生态区域的保护监管力度较弱，环境监管部门和其他相关部门之间缺乏良好协调、合作，信息传递不及时，海洋污染综合防治和生态环境保护制度有待进一步推进和完善；第四，海洋环境监测能力有待提高，尚未形成网络化海洋环境监测布局，监测要素覆盖不完全，各地监测水平差距较大，监测手段还比较落后。

三、浙江省海岛战略规划与发展目标

（一）总体目标

不论国家层面还是地区层面，浙江省海岛地区都将迎来一些重要机遇与发展。从国家层面来看，"一带一路"倡议为浙江省海岛地区提供开放包容的政策环境，有助于浙江省在海洋经济发展、海岛旅游等方面开展更多国际合作，加快建设国际强港，由此推动浙江省海岛地区海洋产业"引进来"和"走出去"，以支撑浙江省海洋经济高速发展。从地区层面来看，长三角一体化发展进一步凸显浙江省海岛地区的区位条件、海岛资源等优势，使得浙江

省海岛地区与上海市、江苏省等周边地区联系得更为紧密，有利于进一步推进浙江省海岛地区基础设施建设，而交通、能源等基础设施网络完善将吸引更多外省游客，形成良性互动。

此外，国家对海洋生态环境治理力度不断加大也为浙江省海岛地区发展提供了有力的生态环境保障。随着海洋生态环境保护领域法律法规的不断出台和完善，地方政府海洋生态环境主体责任更加明确，临海企业全流程监管体系不断完善，海洋环境会得到极大改善。从省级层面来看，浙江省实施"5211"海洋强省行动在一定程度上缓解了经济发展和资源环境之间的矛盾，有助于提升浙江省海岛地区综合经济实力，带动浙江省海岛地区生态环境保护、旅游资源开发、基础设施完善和体制机制创新。

浙江省第十四次党代会做出"四大"建设战略部署。该部署有利于港口物流、石化能源、海洋渔业、海岛旅游等产业绿色循环低碳发展，提升海洋海岛生态环境质量，提高海岛特色旅游能级，完善综合立体交通基础设施，开展美丽海岛建设，提升海岛自身活力。此外，一批重大交通设施的建成并投入使用改善了海岛地区的区位交通条件，大陆连岛工程、江海联运等交通基础工程的实施，使海岛初步形成了内畅外联、便捷高效的综合交通运输体系，加快了海岛地区与周边地区交通网络的全面融合。

（二）各地区战略规划和发展目标

1. 岱山县：优先发展绿色经济，全力攻坚全面小康

"十二五"时期，岱山县综合实力明显提高，得到阶段性提升，结构优化取得新进展，科教文卫事业全面发展，城乡统筹发展呈现新气象，社会保障水平不断提高，治理能力和治理水平大幅提升。同时，岱山县落脚于"美丽海岛"和"森林岱山"建设，对重点行业、重点区块的环境污染进行大规模治理，环境质量明显提升，并成功通过国家级生态县创建验收。

"十三五"期间，岱山县以全面建成发展水平更高、群众获得感更强的小康社会为总体目标，其经济社会发展的具体目标为：①加速经济发展，实现综合实力新跨越；②全县发展空间格局得到优化，城乡发展框架全面拉开，本岛一体化进程步伐加快，城乡建设呈现新面貌，美丽海岛建设水平进一步提高，基本建成城乡基础设施网络体系和公共服务设施网点体系；③提高环

境综合整治效果，控制主要污染物排放量，污水处理和垃圾处理进一步普及，生态环境得到有效改善，循环经济和生态经济协调发展并实现经济增长新突破；④社会保障全面覆盖，城镇职工和城乡居民养老保险实现应保尽保，基本公共服务均等化程度显著提高，人民群众获得感显著提高。

2. 嵊泗县：加快经济社会双重转型，坚持以渔稳县持续发展

"十二五"时期，嵊泗县经济实力不断增强，社会文明不断发展，海洋经济和美丽海岛建设成效显著。"十三五"时期，嵊泗县的发展目标为：①完善生态评估制度，健全绿色高效的决策制度，落实生态环境终身责任追究制。合理控制捕捞强度，加快推进海洋环境资源的修复，提高近岸海域环境质量。深化"再造绿岛"工程，营造珍惜海洋资源、爱护海洋环境的生态文明氛围，共建蓝天碧水的美好家园。②严把环境准入关，加强宏观调控严格环境准入。科学谋划嵊泗县产业布局，全力构建自然生态保留区、海岛生态保障区、人居环境保障区、环境优化准入区、环境重点准入区五大类海岛生态安全环境空间和无居民海岛保护、利用和保留三大类海洋生态安全环境空间。③提升城乡综合环境治理能力，加大生态环境治理投入力度。围绕节能减排、环境基础设施建设等项目，加快建设生活垃圾无害化处理、垃圾中转等环保设施工程，持续推进"四边三化"专项行动。④加速生态绿化建设，构建美丽海岛绿色生态网。全面提升嵊泗县森林抚育质量，加速现有树种结构调整速度，开展主要生态景观线提质工程，深入推进森林村庄、花样街巷、美丽庭院创建，努力提升生态持续力。⑤深入开展清洁能源、绿色能源的推广利用，重点推进太阳能、天然气、风能等新能源产业，促进光伏系统特别是分布式光伏发电系统的应用。

3. 定海区：促进社会经济提质增量，统筹城乡全面均衡发展

"十二五"时期，定海区经济持续发展，城乡一体化建设加速，产业结构进一步优化，人民生活幸福感不断提升；工业规模进一步扩大，船舶修造、海洋石化等传统支柱产业转型升级，产业平台建设不断推进。在生态文明建设方面，定海区深入实施"811"海洋生态文明建设行动，"四边三化""三改一拆"等专项整治取得显著成效，"清河净水"、生态廊道建设、区域大气复合治理等工程稳步推进，区内饮用水水质达标率保持在100%，成功创建国家

环保模范城市。

"十三五"期间，定海区主要发展目标包括：①保持全区经济健康较快发展，综合实力迈上新台阶。②现代海洋产业体系不断优化，三次产业比重更趋协调，传统优势产业加快提升，创新投入进一步加大，新产业新业态引领作用显著增强，转型发展取得新突破，内生动力不断激发，经济提质增量。③全面推进县域经济体制综合改革，建立完善资源要素差别化配置机制、正向激励机制与反向倒逼机制，促进产业结构调整，争取在政府和社会资本合作领域取得新突破。④加快推进新型城镇化建设，不断提高城乡统筹发展水平，基本实现本岛城乡一体化，全面拉开中心城区现代化城市建设发展框架，进一步提升金塘小城市、白泉中心镇综合服务功能、产业发展功能，充分显现区域性集聚辐射能力。⑤居民人均可支配收入实现大幅增长，广大群众普遍享受到均衡优质的公共服务产品，各项社会民生发展主要指标实现新突破，提升人民生活幸福感。⑥大力推进生态环保型社会建设，发展循环经济、低碳经济，使节能减排主要指标全面达标，城乡环境持续改善。

4. 普陀区：拓展海洋经济发展空间，实现经济民生优质发展

"十二五"期间，普陀区重点项目取得重大突破，治理体制机制不断创新，社会民生得到改善，海洋经济特色鲜明。此外，普陀区开展了多个专项整治活动，大气污染、水体污染得到良好控制，全域内形成治水治气良好氛围，绿色生态城市建设不断推进，全域景区化不断深化。

"十三五"时期，普陀区主要发展目标包括：①海洋经济综合竞争力和集聚功能显著增强，经济实力迈上新台阶。②发展方式明显转变，实现经济转型升级，不断提高新兴产业比重，创新发展实现新突破，三次产业结构协调优化，投资结构进一步合理。③居民收入和财产持续增加，城乡区域差距不断缩小，基础设施进一步实现现代化，改革发展成果更多地惠及群众，人民群众获得感明显增强。④海上花园城市建设成效显著，海洋生态环境全面改善，生态文明得到新提升，不断完善生态文明制度，基本建成国家生态文明建设示范区。⑤海洋综合保护开发体制机制不断创新，加大引进国内外资金力度，拓展向外发展空间，打造面向东海对外开放门户，形成充满活力、更加开放的体制机制新优势。

5. 玉环县：创新驱动全域经济发展，加快发展优质整体布局

"十二五"时期，玉环县三次产业结构不断合理化，海洋经济快速发展，城乡面貌显著改观，生态环境显著优化，民生社会更趋和谐，改革开放持续深化。

"十三五"期间，玉环县以建设海洋经济强县为目标，依托浙江省海洋经济发展示范区国家战略、"21世纪海上丝绸之路"两大战略平台，以科技兴海为先导，全面推动海洋产业的发展。"十三五"时期，玉环县发展的具体目标为：①经济保持中高速增长，显著提高发展质量和效益，综合经济实力跃上新台阶。②把创新转型作为发展重点和主攻方向，创新驱动发展格局基本形成，自主创新型能力显著增强，创新驱动力量不断增强。③加快推进城乡统筹的全岛新型城市化，不断增强中心城市辐射带动能力，开创城乡统筹发展新局面。④生态环境质量明显提升，海岛风貌特质充分呈现，生态系统初步实现良性循环，海岛生态实现新优化。⑤人民生活水平和品质稳步提升，逐步形成多元参与的基本公共服务供给机制，就业质量不断提升，民生福祉得到有效改善。

6. 洞头区：促进海洋产业深度融合，全力建成海洋经济强区

洞头区将进一步融入浙江省"大湾区"建设，深入实施生态立区、旅游兴区和海洋强区发展战略，把握海洋强国、海洋强省的重大机遇，积极发挥海洋资源丰富、自然生态环境优良、海岸线漫长的优势，建成海洋强区。

洞头区"5431"行动的主要目标为：①建设五大产业发展平台，即建成大小门产城融合平台、状元岙现代物流产业平台、全域旅游发展平台、现代渔业融合发展平台和海洋资源综合利用平台。②培育发展四大支柱产业，即发展现代渔业、临港产业、滨海旅游业和海洋新兴产业。依据捕捞适当、提升养殖技术、深化加工水平和推进传统渔业转型升级的发展思路，引导现代渔业与第三产业融合发展，不断延长产业链，培育远洋冷链物流、补给等配套服务行业，促进现代养殖、精深加工、流通贸易一体化发展。③以重大项目支撑海洋强区建设，着力扩大有效投资，将扩大有效投资与推进结构调整优化有机结合，积极推进港口物流、装备制造等传统海洋产业和海洋新能源、海洋生物医药等新兴海洋产业转型发展，安排并实施30个以上经济效益高、带动效应强的海洋经济重大产业项目。

第三节 │ 浙江省临海开发区概况

临海开发区是指位于沿海县（县级市、区）由国务院和省、自治区、直辖市人民政府批准在城市规划区内设立的国家级经济技术开发区、高新技术产业开发区、海关特殊监管区域（包括保税区、出口加工区、保税物流园区、跨境工业园区、保税港区、综合保税区）、省级经济开发区（或工业园区）、高新技术产业园区和特色产业园区等。目前，浙江省共有46个临海开发区，现对浙江省临海开发区的规划及分布情况进行概述。

一、浙江省临海开发区分布

资料显示，浙江省共有46个临海开发区，其中国家级临海开发区13个、省级开发区33个，涉及7个沿海城市——杭州市、宁波市、温州市、嘉兴市、绍兴市、舟山市和台州市及其所辖的34个沿海地带，即所有沿海县（市、区）。从开发区的总数来看，宁波市最多，共计15个；台州市共有8个；温州市和嘉兴市均有6个。从级别来看，国家级临海开发区主要分布在宁波、嘉兴、绍兴等地。临海开发区的分布情况可见表1.15，具体名单可见表1.16。

表1.15 浙江省临海开发区分布情况

单位：个

城 市	临海开发区数量	级 别	
		国家级	省 级
杭州市	3	1	2
宁波市	15	8	7
温州市	6	0	6
嘉兴市	6	2	4
绍兴市	4	2	2
舟山市	4	0	4
台州市	8	0	8
合计	46	13	33

表1.16　浙江省临海开发区名单

地 区	国 家 级	省 级
杭州市	萧山经济技术开发区	杭州江东工业园区 杭州萧山临江工业园区
宁波市	宁波经济技术开发区 宁波保税区 宁波石化经济技术开发区 浙江宁波出口加工区 宁波梅山保税港区 宁波大榭开发区 宁波杭州湾经济技术开发区 浙江慈溪出口加工区	前洋经济开发区 浙江镇海经济开发区 宁波鄞州经济开发区 浙台(象山石浦)经贸合作区 浙江余姚经济开发区 浙江慈溪滨海经济开发区 浙江奉化经济开发区
温州市	无	瓯江口产业集聚区 浙南沿海先进装备产业集聚区 温州空港新区 龙港新城开发区 浙江瑞安经济开发区 浙江乐清经济开发区
嘉兴市	浙江嘉兴出口加工区 浙江平湖经济开发区	浙江海盐经济开发区 浙江海宁经编产业园区 浙江海宁经济开发区 浙江乍浦经济开发区
绍兴市	袍江经济技术开发区 浙江杭州湾上虞经济技术开发区	浙江柯桥滨海工业区 浙江上虞经济开发区
舟山市	无	浙江定海工业园区 浙江舟山经济开发区 浙江普陀经济开发区 浙江岱山经济开发区
台州市	无	浙江头门港经济开发区 浙江台州经济开发区 浙江路桥工业园区 浙江玉环经济开发区 浙江三门工业园区 浙江温岭工业园区 浙江温岭经济开发区 浙江临海经济开发区

二、浙江省临海开发区规划

2011年2月，国务院正式批复《浙江海洋经济发展示范区规划》，浙江省海洋经济发展示范区建设上升为国家战略。规划区包括浙江省全部海域和杭州、宁波、温州、嘉兴、绍兴、舟山、台州等市的市区及沿海县（市）的陆域（含舟山群岛、台州列岛、洞头列岛等岛群）。浙江省设立的临海开发区在地理区位、海洋资源、特色产业、体制机制、科教实力等方面具有明显优势。

《浙江海洋经济发展示范区规划》对浙江省发展海洋经济设计的空间新布局是一核、两翼、三圈、九区、多岛。杭州市、宁波市、温州市、嘉兴市、绍兴市、舟山市和台州市的47个县（市、区）被纳入海洋经济发展示范区。

第二章
浙江省海岛地区的社会
经济基本情况

浙江省海岛地区社会经济基本情况分析包括三部分内容：经济总体发展情况、经济运行情况及居民生活水平。其中，关于经济总体发展情况，围绕经济总体规模与质量、三产结构与特征展开；关于经济运行情况，围绕财政收支、投资、贸易展开；关于居民生活水平，围绕人口、就业、科技展开。

第一节 ｜ 海岛地区经济总体发展情况

海岛地区经济总体发展情况分析包括经济总体规模与质量、三产结构与特征两个方面。首先，通过对地区生产总值、人均生产总值、财政总收入、财政依存度等指标的横向比较和纵向比较，分析评估海岛地区的经济发展水平、财政收支情况及动态演变规律；其次，通过对三次产业的结构及变化趋势，第一、二产业各行业增加值等指标进行分析，全面掌握海岛地区的产业结构及优势产业情况。

一、海岛县经济总体发展情况

根据《温州统计年鉴》《舟山统计年鉴》和《台州统计年鉴》，2015年浙江省海岛地区的地区生产总值为1451.65亿元，人均生产总值为10.49万元/人，财政总收入达193.80亿元，财政依存度为12.08％。其中，财政依存度为衍生指标，是衡量一个国家或地区经济运行质量的重要指标，其计算公式为财政收入占地区生产总值的比重。一般来说，财政依存度的数值越大，说明国家（或地区）财力越充足。相关数据可见表2.1。

表2.1 2015年浙江省海岛县（区）经济发展情况

市	县（区）	地区生产总值（亿元）	人均生产总值（万元/人）	财政总收入（亿元）	财政依存度（％）
温州市	洞头区	73.15	5.63	9.57	13.08
舟山市	定海区	391.46	11.52	48.44	10.78
	普陀区	310.07	11.01	36.25	10.29
	岱山县	155.82	10.87	19.22	9.31
	嵊泗县	84.56	12.30	8.03	9.32
台州市	玉环县	436.59	10.17	72.30	16.54
共计		1451.65	10.49	193.80	12.08

分海岛县（区）来看，经济体量最大和最小的地区分别为玉环县和洞头区，它们的地区生产总值分别为436.59亿元和73.15亿元，相差约5倍。在舟山地区的4个海岛县中，定海区和普陀区的地区生产总值高于全市的平均水平，分别为391.46亿元和310.07亿元；岱山县和嵊泗县在平均水平之下，地区生产总值分别为155.82亿元和84.56亿元。6个海岛县（区）的人均生产总值在5.63万元/人到12.30万元/人之间不等，两端值对应的地区分别为洞头区和嵊泗县。其中，舟山市的人均生产总值为11.28万元/人，舟山市4个海岛县（区）中的定海区和嵊泗县的人均生产总值在全市平均水平之上，分别为11.52万元/人和12.30万元/人。2015年，浙江省全省人均地区生产总值为7.76万元，6个海岛县（区）中仅洞头区低于该值，为5.63万元/人，其他5个海岛县（区）的人均地区生产总值均高于该值。

财政总收入最高的为玉环县，达到了72.30亿元；嵊泗县和洞头区的财政情况欠佳，财政总收入分别为8.03亿元和9.57亿元，玉环县财政总收入约是嵊泗县的9.00倍，约是洞头区的7.55倍。在舟山地区的4个海岛县（区）中，定海区和普陀区的财政总收入高于全市平均水平，岱山县和嵊泗县的财政总收入则在平均水平之下。对比《2015年海岛统计调查公报》中全国12个主要海岛县（市、区）的平均财政总收入45.92亿元，除玉环县高于12个主要海岛县（市、区）的平均财政总收入外，仅定海区、普陀区较接近该数值，而洞头区、岱山县和嵊泗县与该数值的差距则较大。

在生产总值分配方面，财政依存度最大的海岛县（区）为玉环县，为16.54%；岱山县则低于玉环县约7个百分点。舟山地区的全市财政依存度为10.23%。其中，定海区和普陀区高于全市平均水平，分别为10.78%和10.29%；岱山县和嵊泗县则略低于全市平均水平，分别为9.31%和9.32%。

总体而言，在地区生产总值方面，定海区、普陀区、岱山县、嵊泗县和玉环县表现相近，其中嵊泗县表现更好，而洞头区则表现欠佳。在财政总收入方面，海岛地区各海岛县（区）的差距较为悬殊，嵊泗县和洞头区表现较为欠佳。在6个海岛县（区）中，玉环县的财政依存度最大，除岱山县和嵊泗县外的3个海岛县（区）的财政依存度均超过了10%，表明这些海岛县（区）经济运行质量较高。

通过《浙江统计年鉴》和《舟山统计年鉴》获取浙江省海岛县（区）的地区生产总值，由此反映海岛县（区）的整体经济情况及趋势，具体情况可见图2.1。

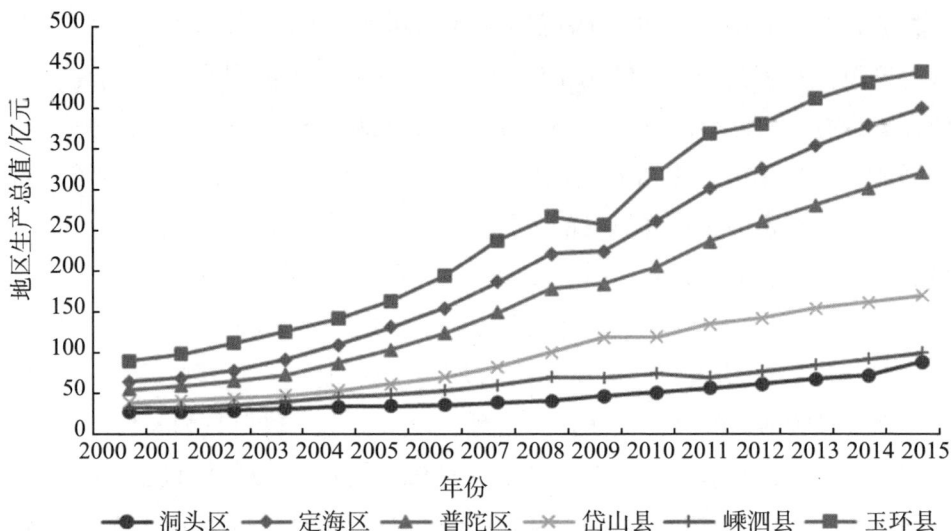

图2.1　浙江省海岛县（区）地区生产总值

各海岛县（区）地区生产总值均呈增长趋势，其中玉环县、定海区、普陀区发展势头较好，上升趋势明显，其次便是岱山县，相较而言，嵊泗县和洞头区发展较为平缓，上升趋势不太明显。

二、海岛地区产业结构

（一）海岛县（区）三次产业结构情况

浙江省从2000年以来，从以第二产业为主，第三产业占比较少，转变为第一、二产业占比逐渐减小，第三产业占比逐渐增大。2015年，根据《温州统计年鉴》《舟山统计年鉴》和《台州统计年鉴》，浙江省6个海岛县（区）合计的地区生产总值为1604.4亿元，第一、二、三产业占本省海岛地区生产总值的比重分别为9.15%，44.86%和45.99%，三大产业的贡献率分别为8.01%，3.65%和3.46%，第一产业的贡献率最高。各海岛县（区）的三次产业分布具体情况见表2.2和表2.3。

表2.2　2015年浙江省海岛县（区）三次产业分布情况

单位：亿元

市	县（区）	第一产业增加值	第二产业增加值	第三产业增加值
温州市	洞头区	5.40	29.00	38.76
舟山市	定海区	12.20	208.46	228.68
	普陀区	44.45	122.10	185.65
	岱山县	31.75	106.14	68.55
	嵊泗县	23.05	13.22	49.81
台州市	玉环县	29.99	240.78	166.42
共计		146.84	719.70	737.88

表2.3　2015年浙江省海岛县（区）三次产业增加值占比

单位：%

市	县（区）	第一产业增加值	第二产业增加值	第三产业增加值
温州市	洞头区	7.38	39.64	52.98
舟山市	定海区	2.72	46.39	50.89
	普陀区	12.62	34.67	52.71
	岱山县	15.38	51.41	33.21
	嵊泗县	26.78	15.36	57.86
台州市	玉环县	6.86	55.07	38.07

结合表2.2和表2.3可以得知，洞头区以第三产业为主导，占比为52.98%，而第一产业占比仅为7.38%；定海区三大产业对地区生产总值的贡献率分别为2.72%，46.39%，50.89%；普陀区与定海区的产业结构相似，以第三产业为主导；岱山县三大产业对地区生产总值的贡献率分别为15.38%，51.41%，33.21%；嵊泗县第一产业和第三产业对地区生产总值的贡献率为舟山市4个海岛县（区）中最高的，分别为26.78%和57.86%。就舟山市整体而言，第三产业贡献率最高，第二产业次之，第一产业最低。玉环县的第二产业贡献率高达55.07%，表明第二产业为玉环县的主导产业；第三产业占比相对较低，为38.07%；第一产业贡献率仅为6.86%。

综观各海岛县（区）的产业分布情况，不同地区的主导产业不同，产业结构也存在差异，总体而言，浙江省各海岛县（区）产业结构都在逐步优化中。洞头区、定海区、普陀区3个地区与浙江省整体的"三二一"产业结构相同，三次产业中第三产业占主导地位；玉环县、岱山县两地则以第二产业为主导，其产业结构均为"二三一"模式。

1. 2000—2017年海岛县（区）三次产业增加值趋势

通过《浙江统计年鉴》和《舟山统计年鉴》获取浙江省海岛县（区）2000年至2017年第一产业、第二产业和第三产业的历年增加值，由此反映海岛县（区）的整体经济情况及变化趋势。2000—2017年，浙江省各海岛县（区）历年三次产业增加值如图2.2、图2.3和图2.4所示。

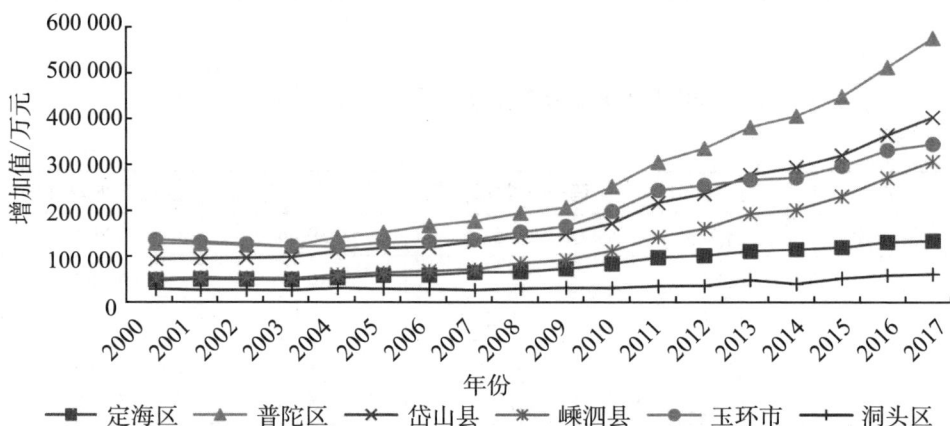

图2.2　浙江省海岛县（区）第一产业增加值

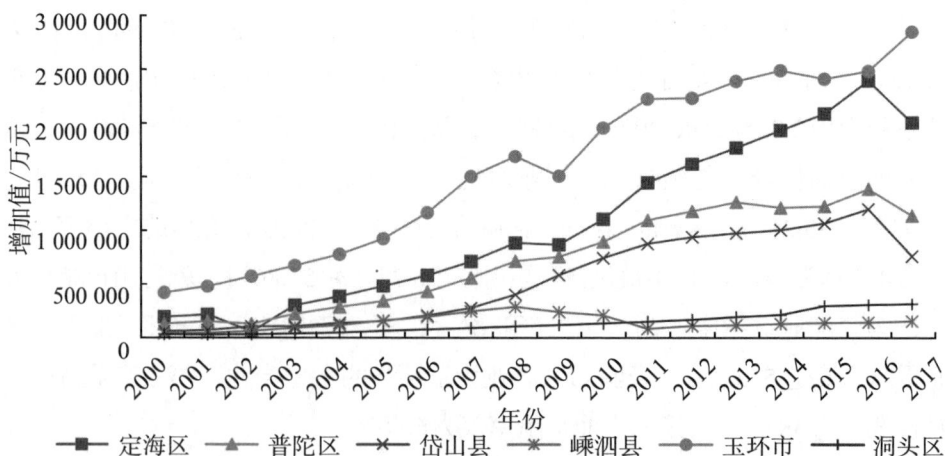

图2.3　浙江省海岛县（区）第二产业增加值

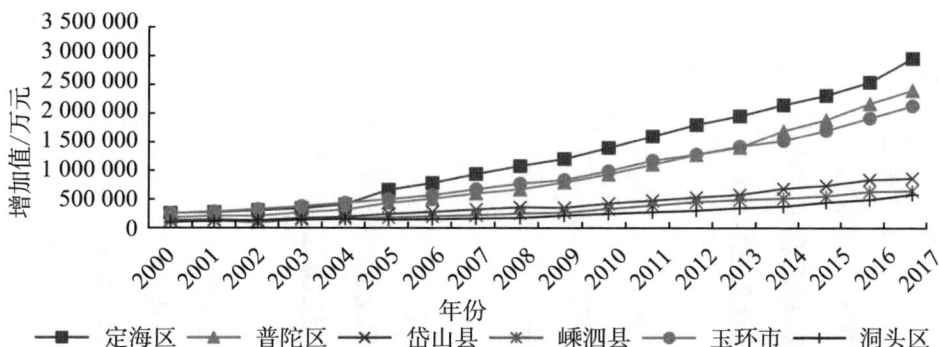

图2.4 浙江省海岛县（区）第三产业增加值

就第一产业而言，6个海岛县（区）均呈不断增长的趋势，其中舟山市普陀区第一产业增加值最大，自2003年后始终高于其他海岛县（区），而洞头区第一产业增加值远低于其他海岛县（区）。就第二产业而言，洞头区与嵊泗县发展较为平缓，定海区、普陀区、岱山县与玉环市第二产业增加值则显著增长，其中玉环市第二产业发展相对好于其他海岛县（区）。就第三产业而言，6个海岛县（区）大致呈逐年增长的趋势，其中定海区的第三产业增加值在大多数年份排在所有海岛县（区）中第一位，洞头区与嵊泗县则处于相对落后的位置。

2. 海岛县（区）三次产业结构

综合图2.5和图2.6可知，整体而言，浙江省各海岛县（区）都在持续不断地推进产业结构的转型升级，海岛地区和各海岛县（区）的产业结构存在显著差异，定海区、普陀区与洞头区的产业结构与浙江省的产业结构较为相似。普陀区和定海区产业结构较为类似，均为二、三产并举，一产逐渐减少。定海区第二产业与第三产业占比相近，均占到40%以上，且第一产业占比越来越小。普陀区第二产业与第三产业占比相近，共占到80%以上，总体上从最初的三产均衡到2010年以来三产逐渐增大，二产逐渐减少，一产趋向平稳。岱山县第一产业占比逐渐减小，第二产业占比较高，且近年来越来越倚重二产。嵊泗县的第一产业大部分年份的占比在30%左右，且近年来其产业结构以第三产业为主。玉环县的第二产业贡献率在60%左右，为主导产业，第三产业占比相对较低，但近年来第三产业占比越来越高，第一产业占比最低且近年来维持在6.5%左右。洞头区以第三产业为主导，其占比大都在50%以上，第一产业占比最低且呈现逐年减小的趋势，近年来都在10%以下。

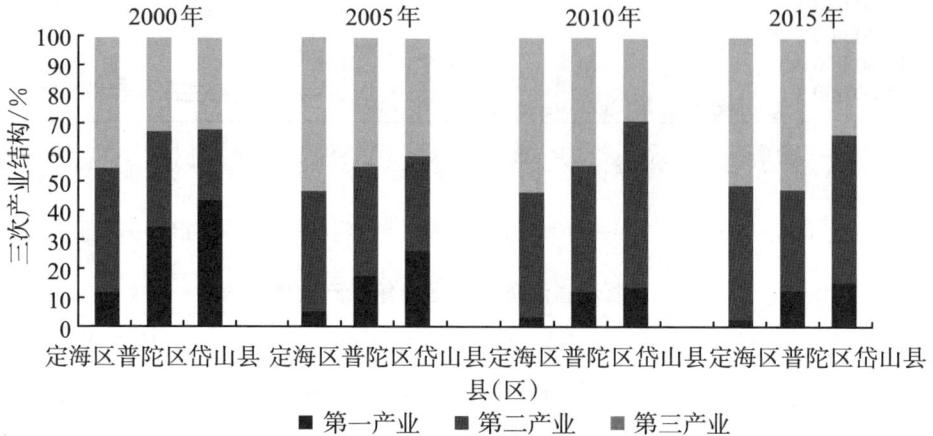

图2.5　定海区、普陀区、岱山县三次产业结构图

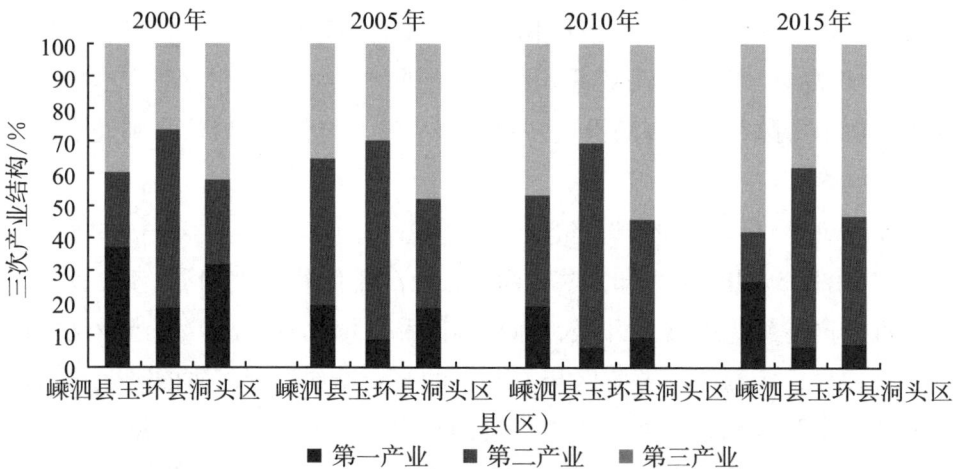

图2.6　嵊泗县、玉环县、洞头区三次产业结构图

（二）海岛县（区）第一产业发展情况

根据《浙江统计年鉴》，浙江省海岛地区第一产业的主要行业有农业、林业、牧业、渔业及农林牧渔服务业等。2015年，浙江省6个海岛县（区）合计实现农业产值12.62亿元、林业产值1.15亿元、牧业产值2.95亿元、渔业产值129.06亿元、农林牧渔服务业产值1.05亿元，占全省对应产业产值的比重分别为0.88%，0.76%，0.69%，15.08%，1.61%。表2.4和表2.5给出了浙江省各海岛县（区）2015年第一产业的构成情况。

表2.4 2015年浙江省海岛县（区）第一产业各行业增加值情况

单位：万元

市	县（区）	农 业	林 业	牧 业	渔 业	农林牧渔服务业
温州市	洞头区	5674	9875	5427	32 980	—
舟山市	定海区	34 380	126	13 216	72 794	1473
	普陀区	24 598	564	3041	414 642	1620
	岱山县	12 563	514	5028	298 926	500
	嵊泗县	1085	61	237	228 295	850
台州市	玉环县	47 944	374	2596	242 939	6035
共计		126 244	11 514	29 545	1 290 576	10 478

注："—"表示数据缺失。

表2.5 2015年浙江省海岛县（区）第一产业各行业增加值占比

单位：%

市	县(区)	农 业	林 业	牧 业	渔 业	农林牧渔服务业
温州市	洞头区	10.52	18.30	10.06	61.12	—
舟山市	定海区	28.18	0.10	10.83	59.67	1.21
	普陀区	5.53	0.13	0.68	93.29	0.36
	岱山县	3.96	0.16	1.58	94.14	0.16
	嵊泗县	0.47	0.03	0.10	99.03	0.37
台州市	玉环县	15.99	0.12	0.87	81.01	2.01

注："—"表示数据缺失。

结合表2.4和表2.5可知，洞头区渔业、林业、农业和牧业各行业增加值占第一产业增加值的比重分别为61.12%，18.30%，10.52%，10.06%。舟山市所属4个海岛县（区）的第一产业均以渔业为主导，普陀区、岱山县和嵊泗县的偏向尤为明显，其渔业增加值占第一产业增加值的比重均高于90%，嵊泗县渔业对第一产业贡献率达到99.03%；而林业受到行业特性等因素影响，4个海岛县（区）的林业增加值占比均低于0.20%；在配套农林牧渔服务业上，4个海岛县（区）产值水平较低，定海区相对而言表现最为突出。玉环县渔业增加值为24.29亿元，占第一产业增加值的比重达到80％以上，其农业占第一产业增加值的比重为15.99％，农林牧渔服务业增加值占比为2.01％，在农业及配套服务业方面相较其他海岛县（区）存在明显优势。

各海岛县（区）均以传统渔业为主导产业，第一产业主要发展力量基本一致，遵循"以渔业发展为主、其他产业为辅"的发展形势，其他行业处于相对弱势地位。各海岛县（区）可依据自身特色、生态环境和地理区位等优势，科学调整发展方向，合理分布发展力量，在保持渔业优势的同时，加强对其他行业的规划布局，以促进各行业协调发展。

（三）海岛县（区）第二产业发展情况

本部分以规模以上工业企业数（以下统称为规上企业数）、工业增加值和工业总产值3个总量指标分析各海岛县（区）的工业发展规模。基于工业增加值占第二产业增加值的比重分析各海岛县（区）的工业增加值比重情况，基于工业增加值占工业总产值的比重这一相对指标分析各海岛县（区）工业增加值率情况。

根据《温州统计年鉴》《舟山统计年鉴》和《台州统计年鉴》，2015年，浙江省6个海岛县（区）规模以上企业数共1114个，占全省规模以上企业数的2.71％；工业增加值合计为599.06亿元，占全省工业增加值的3.48％。具体数据情况见表2.6和图2.7。

表2.6　2015年浙江省海岛县（区）工业发展情况

市	县（区）	规模以上工业企业数（家）	工业增加值（亿元）	工业总产值（亿元）
温州市	洞头区	26	16.43	60.49
舟山市	定海区	148	152.96	718.23
	普陀区	143	109.43	700.52
	岱山县	64	92.66	436.03
	嵊泗县	14	5.07	27.21
台州市	玉环县	719	222.51	1428.43
共计		1114	599.06	3370.91

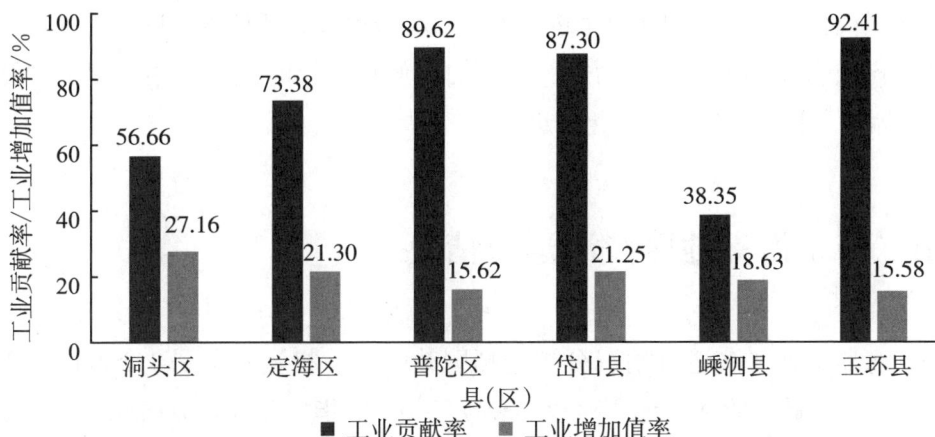

图2.7　2015年浙江省海岛县（区）工业贡献率及工业增加值率情况

1. 工业发展规模

在工业发展规模方面，6个海岛县（区）中洞头区的规上企业数为26家，工业增加值为16.43亿元，工业总产值为60.49亿元，在6个海岛县（区）中均处于第5位。定海区和普陀区位列第2位和第3位，岱山县紧随其后，嵊泗县的工业发展规模最小。玉环县的工业发展规模处于绝对领先地位，其规上企业数为719个，超过另外5个海岛县（区）规上企业数之和。

2. 工业贡献率

在工业对第二产业发展的贡献率方面，各海岛县（区）的贡献率差距较大，最高达到92.41％，最低为38.35％。按从高到低的降序排列依次为：玉环县、普陀区、岱山县、定海区、洞头区和嵊泗县。

3. 工业增加值率

各海岛县（区）工业增加值率的排序明显不同于其发展规模和工业贡献率的高低次序排列。洞头区工业增加值率最高，为27.16％；在舟山市的4个海岛县（区）中，定海区和岱山县的工业增加值率较为相近，在21％左右，其次便是嵊泗县，而普陀区和玉环县数值相近，均显著低于其他海岛县（区），分别为15.62％和15.58％。

结合上述3个方面，总体来说，玉环县的工业发展最强，但在增加值率上有待进一步提高。洞头区相对其他海岛县（区）而言，工业发展较为落后，同样工业发展薄弱的还有嵊泗县。各海岛县（区）可依托"互联网+"理念和现代管理理念，加强自主创新能力，积极推进高新技术发展，加大自主知识产权含量和研发投入力度，发挥自主知识产权的支撑作用，提高"智造"水平，推进传统产业优化升级。

第二节｜海岛地区经济运行情况

海岛地区经济运行情况分析包括财政收支、投资和贸易3个方面。首先，通过财政总收入、地方财政一般预算支出等指标反映各海岛地区的财政收支情况；其次，通过固定资产投资总额反映各海岛地区的投资情况；最后，通过社会消费品零售总额、进出口贸易总额反映海岛地区的贸易情况。

一、海岛乡镇财政收支情况

根据《中国海洋统计年鉴》和《浙江统计年鉴》，浙江省海岛乡镇2015年财政总收入共计270.94亿元，占全省财政总收入的3.36%；地方财政一般预算支出为113.98亿元，占全省地方财政预算支出的1.82%。具体如表2.7和图2.8所示。

表2.7　2015年浙江省海岛乡镇财政收支情况

单位：亿元

市	县(区)	乡　镇	财政总收入	地方财政一般预算支出
宁波市	北仑区	大榭街道	125.03	42.85
		梅山乡	1.20	1.19
	象山县	鹤浦镇	0.45	1.17
		高塘岛乡	0.86	0.86
温州市	洞头区	北岙街道	1.22	0.86
		东屏街道	0.26	0.26
		元觉街道	1.48	0.13
		霓屿街道	0.45	0.16
		灵昆街道	1.02	0.63
		大门镇	0.85	0.42
		鹿西乡	0.38	0.12

续　表

市	县（区）	乡　镇	财政总收入	地方财政一般预算支出
舟山市	定海区	昌国街道	0.45	0.41
		环南街道	1.19	0.80
		城东街道	0.41	0.40
		盐仓街道	0.59	0.59
		临城街道	19.40	1.22
		小沙街道	1.33	0.93
		岑港街道	0.59	0.59
		马岙街道	9.45	0.38
		双桥街道	1.60	0.67
		金塘镇	3.98	2.75
		白泉镇	3.56	1.69
		干览镇	0.31	0.29
	普陀区	沈家门街道	2.61	0.75
		东港街道	1.00	1.00
		展茅街道	0.84	0.84
		朱家尖街道	2.02	1.57
		虾峙镇	0.98	0.97
		桃花镇	0.56	0.48
		东极镇	0.23	0.24
		六横镇	10.80	3.34
		普陀山镇	10.05	4.32
	岱山县	高亭镇	1.63	0.54
		东沙镇	0.61	0.30
		岱东镇	0.27	0.23
		岱西镇	0.37	0.23
		长涂镇	1.11	0.16
		衢山镇	1.37	0.59
		秀山乡	0.46	0.20
	嵊泗县	菜园镇	0.63	0.82
		嵊山镇	0.52	0.70
		洋山镇	0.000 2	0.47
		五龙乡	0.39	0.50
		黄龙乡	4.06	0.49
		枸杞乡	0.30	0.63
		花鸟乡	0.20	0.15

市	县(区)	乡　镇	财政总收入	地方财政一般预算支出
台州市	椒江区	大陈镇	0.41	0.14
	玉环县	玉城街道	14.32	10.52
		坎门街道	4.25	0.47
		大麦屿街道	10.28	10.55
		清港镇	5.58	0.61
		楚门镇	7.58	7.70
		干江镇	1.07	0.34
		沙门镇	3.92	3.09
		芦浦镇	3.89	0.96
		龙溪镇	2.44	0.36
		鸡山乡	0.04	0.13
		海山乡	0.06	0.14
	三门县	蛇蟠乡	0.03	0.08
总　计			270.94	113.98

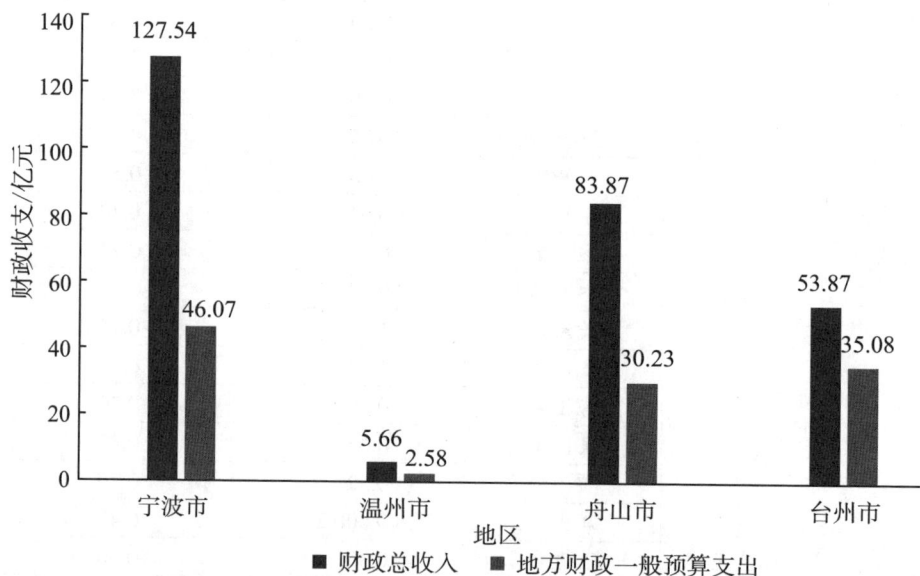

图2.8　2015年浙江省各市海岛乡镇财政收支合计情况

　　宁波市的海岛乡镇2015年财政总收入为127.54亿元，地方财政一般预算支出为46.07亿元,其中约有98.03%的财政总收入来源于大榭街道,地方财政一般预算支出最高的同样也是大榭街道。

温州市各海岛乡镇的财政总收入共计5.66亿元,地方财政一般预算支出为2.58亿元。财政总收入最高的为元觉街道,达到1.48亿元;东屏街道总收入最低,整体来看洞头区海岛乡镇的财政总收入较低。地方财政一般预算支出最高的为北岙街道,鹿西乡的支出水平最低。

舟山市35个海岛乡镇的财政总收入共计83.87亿元,地方财政一般预算支出为30.23亿元。财政总收入最高的为定海区临城街道的19.40亿元,而嵊泗县的洋山镇仅2万元,差异较为显著。地方财政一般预算支出最高的为普陀山镇,相较之下,花鸟乡的地方财政一般预算支出较少,仅为0.15亿元。

台州市海岛乡镇财政总收入为53.87亿元,地方财政一般预算支出为35.08亿元。财政总收入最高的为玉城街道,其收入水平与地方财政一般预算支出最高的大麦屿街道仅有细微差距,但台州市各海岛乡镇财政总收入相差较大,两极差异化严重。

总体而言,各海岛乡镇财政总收入和地方财政一般预算支出相差较大,存在两极差异。宁波市海岛乡镇的平均财政总收入和平均地方财政一般预算支出较高,分别为31.89亿元和11.52亿元,而其他三市差别不大、数值相近。宁波市这两个指标数值较高,主要是由于北仑区的大榭街道拉高了宁波市海岛乡镇的均值,其财政总收入和地方财政一般预算支出分别为125.03亿元和42.85亿元。

二、海岛地区投资情况

根据《舟山统计年鉴》《台州统计年鉴》和《温州统计年鉴》,浙江省6个海岛县(区)2011—2016年固定资产投资总额合计分别为548.0475亿元、662.0206亿元、862.0219亿元、1096.0248亿元、1298.3029亿元和1506.0752亿元,分别占全省固定资产投资总额的4.79%,4.70%,5.04%,5.43%,5.51%和5.65%。表2.8给出了各海岛县(区)这6年固定资产投资总额具体值的情况。

表2.8　2011—2016年浙江省海岛县（区）固定资产投资总额

单位：亿元

年　份	全　省	舟山市				台州市	温州市
		定海区	普陀区	岱山县	嵊泗县	玉环县	洞头区
2011	11 451.90	245.82	130.11	76.51	23.65	71.96	30.40
2012	14 077.20	312.57	148.22	76.52	33.29	91.42	47.40
2013	17 095.90	419.68	193.30	95.45	41.59	112.00	70.32
2014	20 194.00	530.70	247.07	122.02	61.08	135.15	82.34
2015	23 554.70	621.87	292.73	145.66	74.49	163.55	142.60
2016	26 664.72	621.87	433.81	169.04	86.42	194.94	154.55

分海岛县（区）看，定海区固定资产投资总额逐年稳步增长，从2011年的245.82亿元增长到2016年的621.87亿元，增长速度远远高于其他海岛县（区），其固定资产投资总额远高于全国12个主要海岛县（区）的平均值。其次是普陀区，2016年其固定资产投资总额相比前几年增长明显，由2011年的130.11亿元增长至2016年的433.81亿元，增加了303.70亿元。嵊泗县固定资产投资总额缓慢增长，由2011年的23.65亿元增长至2016年的86.42亿元，固定资产投资总额始终低于其他海岛县（区）。2016年，玉环县、岱山县和洞头区3个海岛县（区）的固定资产投资总额比较接近，分别为194.94亿元、169.04亿元和154.55亿元，较2011年分别增加122.98亿元、92.53亿元和124.15亿元。

三、海岛地区贸易情况

2003—2017年，海岛县（区）的社会消费品零售总额可反映国内消费品零售市场的变动规律，间接反映海岛县（区）城乡居民的消费需求变动，进出口贸易总额可反映海岛县（区）的对外贸易的整体规模。根据《舟山统计年鉴》《台州统计年鉴》和《温州统计年鉴》，整体而言，浙江省6个海岛县（区）社会消费品零售总额合计约占全省总额的3%。

（一）海岛县（区）社会消费品零售总额情况

由图2.9可知，定海区、普陀区和玉环市社会消费品零售总额增长趋势比较相似，均呈稳定增长趋势。定海区自2008年以来的社会消费品零售总额明显高于其他海岛县（区），表明其消费市场运行良好，商品零售额不断增加。相较而言，嵊泗县和洞头区在这方面表现较差，增速极为缓慢，消费市场运行有待改善。

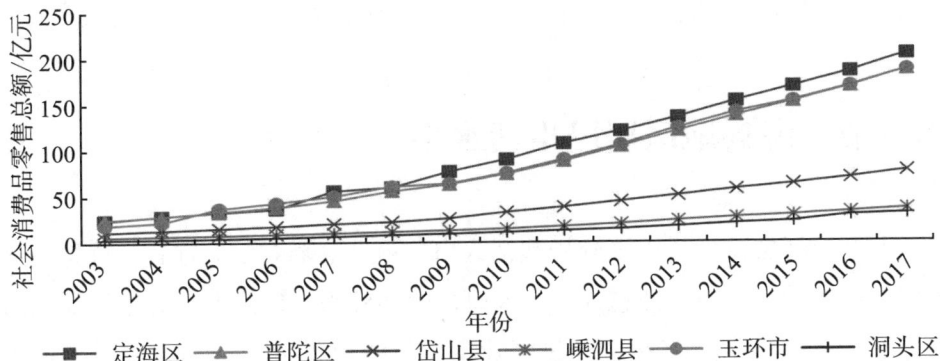

图2.9　2003—2017年浙江省海岛县（区）社会消费品零售总额

（二）海岛县（区）进出口贸易总额情况

通过观察各海岛县（区）2002—2017年进出口贸易总额可以发现，舟山市4个海岛县（区）进出口贸易差别较为明显。2007年前，舟山市4个海岛县（区）进出口总额差别不大，但2007年以后，定海区和普陀区增长显著，虽然中间有所回落，但其增长幅度仍大大领先其他海岛县（区），嵊泗县和岱山县的进出口贸易总额虽然在2007年后也迅速增长，但近几年市场逐渐低迷，增速显著放缓。相较之下，洞头区则是一直平稳发展，但其进出口贸易总额远低于其他海岛县（区）。具体如图2.10所示。

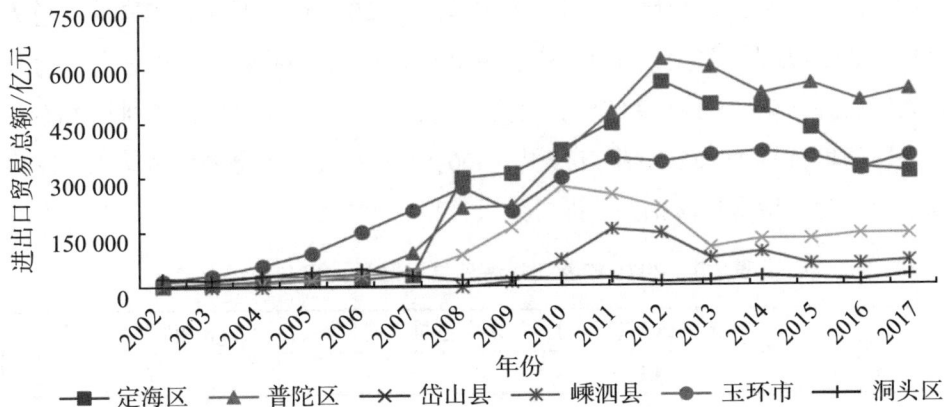

图2.10　2002—2017年浙江省海岛县（区）进出口贸易总额

各海岛县（区）可依托区位优势，充分发挥港口资源优势，推进港航联动发展，壮大港口产业实力，提高县域港口竞争能力。如全面实施对外合作战略，优化对外贸易结构和贸易通关环境，转变对外贸易发展方式，加大开放力度，积极推进产业园区、港口、通关等领域间的合作。

第三节 | 海岛地区居民生活水平

海岛地区居民生活水平分析包括人口、就业、科技3个方面。首先，通过年末总人口、年末女性总人口、人口密度、外来人口及占比等指标反映海岛地区的人口情况；其次，通过就业率、年末单位从业人员、乡村从业人员、城镇从业人员等指标反映海岛地区的就业情况；最后，通过专利申请受理量、专利申请授权量、研发人员及构成等指标反映海岛地区的科技发展情况。

一、海岛地区人口及就业情况

（一）海岛地区人口分布情况

根据《浙江统计年鉴》《舟山统计年鉴》《台州统计年鉴》和《温州统计年鉴》，2015年浙江省年末总人口约4873万人，海岛地区年末总人口为153万人，占全省年末总人口的3.14%。浙江省在有居民海岛数量排名中，位居第一；在岛上户籍人口数量排名中，位居前二。2015年，浙江省年末女性总人口约为2411万人，女性人口比例为49.46%，海岛地区年末女性总人口为76万人，女性人口比例为49.67%，略高于全省女性人口比例。海岛地区和全省的人口密度分别为763人/平方公里、466人/平方公里，海岛地区的人口密度高于全省的平均水平。相关数据可见表2.9。

表2.9　2015年浙江省海岛县（区）人口分布情况

市	县(区)	年末总人口(万人)	年末女性总人口(万人)	人口密度(人/平方公里)
温州市	洞头区	13	6	751

续　表

市	县（区）	年末总人口（万人）	年末女性总人口（万人）	人口密度（人/平方公里）
舟山市	定海区	39	20	682
	普陀区	32	16	694
	岱山县	19	9	586
	嵊泗县	7	4	722
台州市	玉环县	43	21	1138
总　计		153	76	763

分地区来看，温州市 2015 年末总人口约为 811 万人，女性人数约为 390 万人，女性人口比例为 48.09％。洞头区的年末总人口为 13 万人，仅占整个温州市年末总人口的 1.60％；其人口密度为 751 人/平方公里，高于全市整体人口密度（672 人/平方公里），低于全省海岛地区的人口密度（763 人/平方公里）。洞头区女性人数为 6 万人，占洞头区年末总人口的 46.15％，低于全市女性人口比例。

台州市 2015 年末总人口约为 597 万人，女性人数约为 292 万人，女性人口比例为 48.91％。台州市海岛地区玉环县的年末总人口为 43 万人，占全市年末总人口的 7.20％，是 6 个海岛县（区）中人口最多的地区。玉环县的人口密度为 1138 人/平方公里，远高于全市整体人口密度（635 人/平方公里）及全省海岛地区的人口密度（763 人/平方公里）。玉环县的女性人数为 21 万人，占本县年末总人口的 48.84％，与全市女性人口比例较为相近。

舟山市 2015 年末总人口约为 97 万人，女性人数约为 49 万人，占总人口的 50.52％。定海区、普陀区、岱山县和嵊泗县 4 个海岛县（区）的年末总人口分别占全市年末人口总数的 40.06％，32.87％，19.51％和 7.19％，可以看出，舟山市人口主要集中在定海区和普陀区。4 个海岛县（区）的人口密度依次为 682 人/平方公里、694 人/平方公里、586 人/平方公里、722 人/平方公里，均低于全省海岛地区平均人口密度。相较而言，嵊泗县的年末总人口最少，但相对人口密度最高，岱山县的人口密度最低。4 个海岛县（区）的女性人口占各县（区）年末总人口的比例分别为 51.28％，50.00％，47.37％，57.14％，嵊泗县女性人口比例明显高于全市、全省及其他 5 个海岛县（区）

的女性人口比例。

整体来看，各海岛县（区）的人口密度均高于浙江省平均水平，人口较为密集。各海岛县（区）的男女比例略有差异，定海区和嵊泗县的男性人口少于女性人口，女性占比高于舟山市平均水平，其他海岛县（区）的男性人数高于女性人数，女性占比低于所属市平均水平。

通过《浙江统计年鉴》《舟山统计年鉴》获取浙江省各海岛县（区）的年末人口数、土地面积、年末单位从业人员数，其中2010—2017年定海区和普陀区的年末单位从业人员数据缺失，由此可得到各海岛县（区）的人口密度（年末总人口数/土地面积）和就业率（年末单位就业人员数/年末总人口数）。具体数据可分别见表2.10和图2.11。

表2.10　2000—2017年浙江省海岛县（区）人口密度

单位：人/平方公里

年　份	舟山市				台州市	温州市
	定海区	普陀区	岱山县	嵊泗县	玉环市	洞头区
2000	639	707	647	988	1029	1260
2001	641	706	638	981	1033	1255
2002	646	705	623	969	1035	1245
2003	647	700	613	952	1039	1239
2004	651	697	605	947	1045	1232
2005	654	695	598	944	1054	1234
2006	656	695	593	935	1064	1245
2007	659	698	590	930	1076	1259
2008	659	699	589	929	1087	1263
2009	660	701	585	927	1097	1225
2010	661	701	584	923	1110	1281
2011	665	702	583	919	1118	1293
2012	670	703	585	810	1118	755
2013	671	699	582	806	1133	761
2014	675	701	580	804	1138	765
2015	678	698	576	799	1138	754
2016	682	697	570	794	1142	568
2017	686	691	558	786	1148	—

注："—"表示数据缺失。

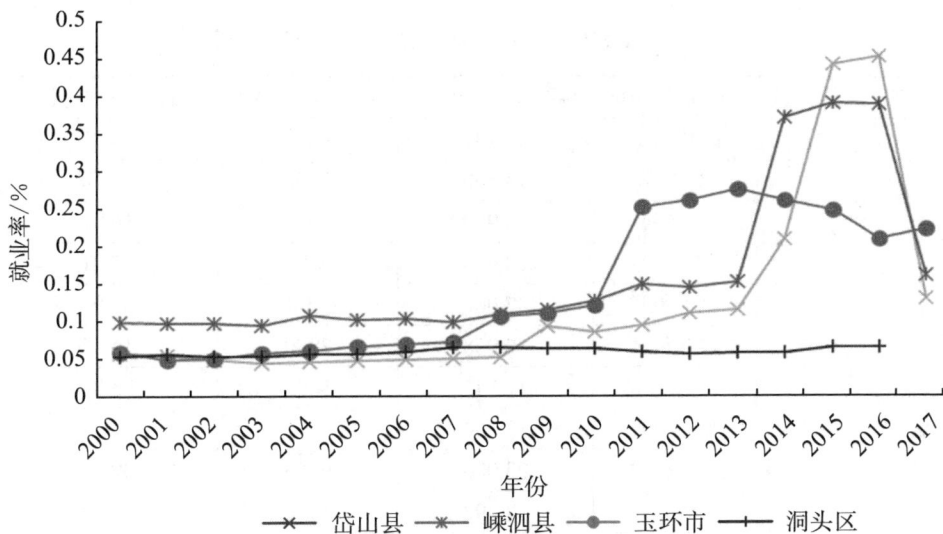

图2.11　2000—2017年浙江省海岛县（区）就业率

结合表2.10和图2.11可知，2000—2017年，定海县、玉环市和洞头区年末人口数缓慢增长，普陀区和嵊泗县（区）人口数增长不大，岱山县则呈缓慢下降趋势。对于年末单位从业人员数，各海岛县（区）除洞头区变化幅度不大外，均有明显的变化幅度。定海区、普陀区、岱山县、嵊泗县和玉环市的人口密度变化幅度不大，仅洞头区人口密度下降明显，这主要是因为洞头区人口增加幅度不大，但是土地面积扩大明显。就就业率而言，除洞头区变化缓慢外，其他海岛县（区）均有明显变化。

（二）海岛乡镇人口分布情况

根据各海岛县（区）统计年鉴和社会发展统计公报等统计资料，浙江省海岛乡镇人口共计约205万人，外来人口达62万人。其中，沈家门街道的人口最多，约22万人；嵊泗县花鸟乡的人口最少，仅为2038人。56个乡镇（霓屿街道与朱家尖街道的外来人口数据缺失）中外来人口最多的街道是玉城街道，为81 033人，占该乡镇总人口的43.42％。此外，有9个乡镇的外来人口占乡镇总人口的比重超过50％，外来人口占比最大的乡镇是玉环县芦浦镇，达75.23％。相关数据可见表2.11。

表2.11 2015年浙江省海岛乡镇人口分布情况

市	县(区)	乡(街道、镇)	乡镇总人口(人)	外来人口(人)	外来人口占比(%)
宁波市	北仑区	大榭街道	48 191	20 661	42.87
		梅山乡	14 500	1900	13.10
	象山县	鹤浦镇	28 950	4634	16.01
		高塘岛乡	18 645	935	5.01
温州市	洞头区	北岙街道	47 000	15 000	31.91
		东屏街道	19 968	2890	14.47
		元觉街道	11 146	432	3.88
		霓屿街道	13 264	—	—
		灵昆街道	23 000	9063	39.40
		大门镇	27 492	1100	4.00
		鹿西乡	8130	737	9.07
舟山市	定海区	昌国街道	85 000	35 000	41.18
		环南街道	39 005	13 264	34.01
		城东街道	51 635	19 084	36.96
		临城街道	62 570	32 570	52.05
		盐仓街道	19 292	13 516	70.06
		小沙街道	21 065	8285	39.33
		岑港街道	19 231	8491	44.15
		马岙街道	10 242	4431	43.26
		双桥街道	18 867	3975	21.07
		金塘镇	41 796	14 320	34.26
		白泉镇	38 364	12 711	33.13
		干览镇	10 516	5861	55.73
	普陀区	沈家门街道	221 137	70 000	31.65
		东港街道	85 000	15 000	17.65
		展茅街道	22 214	1280	5.76
		朱家尖街道	23 386	—	—
		虾峙镇	22 655	205	0.90
		桃花镇	12 694	1155	9.10
		东极镇	5863	50	0.85
		六横镇	65 243	3386	5.19
		普陀山镇	12 446	7378	59.28

续　表

市	县(区)	乡(街道、镇)	乡镇总人口(人)	外来人口(人)	外来人口占比(%)
舟山市	岱山县	高亭镇	89 370	25 212	28.21
		东沙镇	17 500	1520	8.69
		岱东镇	12 948	54	0.42
		岱西镇	15 060	958	6.36
		长涂镇	19 691	6795	34.51
		衢山镇	59 637	5706	9.57
		秀山乡	10 627	6321	59.48
	嵊泗县	菜园镇	38 515	0	0
		嵊山镇	9805	0	0
		洋山镇	15 595	4635	29.72
		五龙乡	4962	182	3.67
		黄龙乡	10 198	0	0
		枸杞乡	9526	0	0
		花鸟乡	2038	0	0
台州市	椒江区	大陈镇	3929	221	5.62
	玉环县	玉城街道	186 611	81 033	43.42
		坎门街道	93 529	29 533	31.58
		大麦屿街道	81 905	30 147	36.81
		清港镇	51 467	30 937	60.11
		楚门镇	52 889	26 476	50.06
		干江镇	23 976	2266	9.45
		沙门镇	25 905	17 264	66.64
		芦浦镇	18 202	13 694	75.23
		龙溪镇	31 462	12 792	40.66
		鸡山乡	7704	72	0.93
		海山乡	7669	600	7.82
	三门县	蛇蟠乡	3000	600	20.00
合计			2 052 227	624 332	30.42

注："—"表示数据缺失。

（三）海岛县（区）就业情况

由于温州市洞头区数据缺失，以下分析暂不考虑洞头区情况。根据《浙江统计年鉴》《舟山统计年鉴》和《台州统计年鉴》，2015年海岛地区的年末单位从业人员共计59.90万人，占浙江省海岛地区总人口的39.15%；海岛地区乡村从业人员共计77.81万人，占浙江省海岛地区总人口的50.85%，占浙江省乡村从业人员的5.37%。分地区来看，年末单位从业人员最多的地区是玉环县，达到41.57万人；最少的地区为嵊泗县，仅为1.25万人。乡村从业人员最多的地区同为玉环县，最少的地区仍为嵊泗县。5个海岛县（区）中，就业率最高的地区为玉环县，达96.67%。在舟山市4个海岛县（区）中，定海区的城镇从业人员数量最多。相关数据可见表2.12和图2.12。

表2.12　2015年浙江省海岛县（区）就业情况

单位：万人

市	县（区）	年末单位从业人员	乡村从业人员	城镇从业人员
温州市	洞头区	—	—	—
舟山市	定海区	9.71	11.00	20.83
	普陀区	5.04	12.00	15.07
	岱山县	2.33	9.32	8.21
	嵊泗县	1.25	1.08	3.02
台州市	玉环县	41.57	44.41	—
总　计		59.90	77.81	47.13

注："—"表示数据缺失。

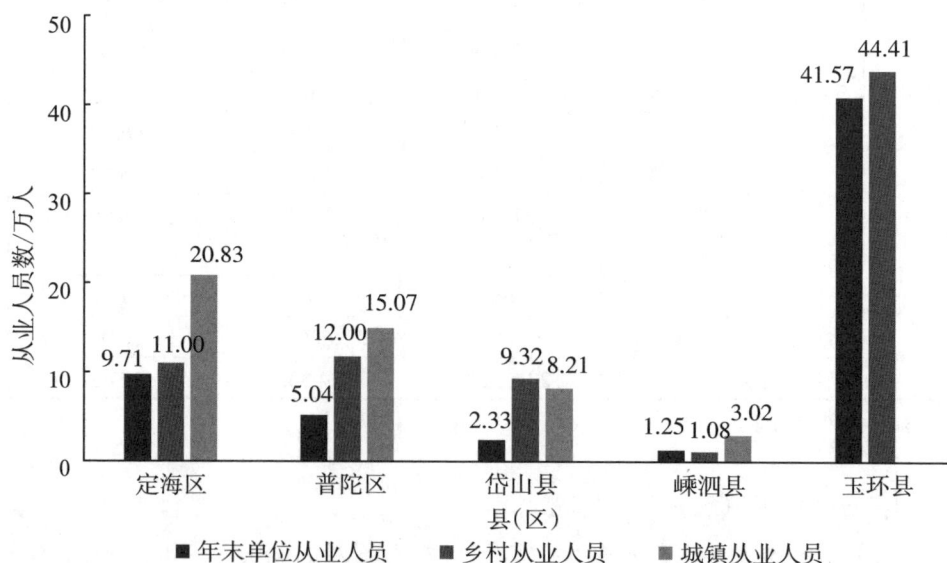

图2.12　2015年浙江省海岛县（区）城镇与乡村从业人员数

在就业结构上，嵊泗县的乡村从业人员与年末单位从业人员的比例小于1。定海区、普陀区、岱山县和玉环县四地的乡村从业人员与年末单位从业人员比例均高于1，四地就业途径主要依靠乡村吸纳劳动力，而城市吸纳农村劳动力就业的能力较弱。

总体而言，在人口密度方面，68个海岛乡镇中外来人口占总人口的比例差距明显，最高达到75.23%，最少的甚至不到1%，而即使是在同一个海岛县（区）之中，外来人口占比的差距也十分明显。在人口就业方面，海岛地区的年末单位从业人员占浙江省海岛地区总人口的39.15%，就业途径主要依靠乡村吸纳劳动力，城市吸纳农村劳动力就业的能力较弱。

在人口方面，各海岛县（区）可全面落实"二胎"政策，完善计生事业管理，强化人口服务保障能力，同时实施优生政策，提升人口质量，提高人口素质。

在创业就业方面，应加强公共就业服务平台建设，健全公共就业服务体系，实施平等化、均等化的就业服务机制。同时，实施人才引进政策，引进高素质的高端人才，努力打造人才强区，并全面落实补贴奖励等优惠政策，打造高素质技能人才队伍。

二、海岛地区科技情况

根据《浙江科技统计年鉴》《舟山统计年鉴》《台州统计年鉴》和《温州统计年鉴》，收集各海岛县（区）专利申请受理量、专利申请授权量、研发人员等数据。2015年，浙江省6个海岛县（区）的专利申请受理量合计6387项，约占全省当年专利申请受理量的2.08%；浙江省6个海岛县（区）专利申请授权量合计5134项，约占全省当年专利申请授权量的2.18%。各海岛县（区）2009—2017年专利申请受理量和授权量具体情况见图2.13和图2.14。

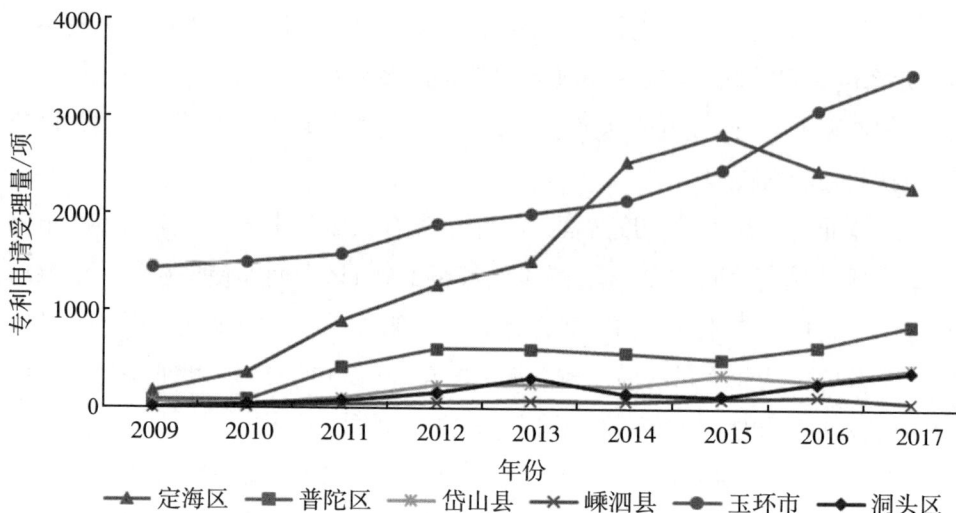

图2.13　2009—2017年海岛县（区）专利申请受理量

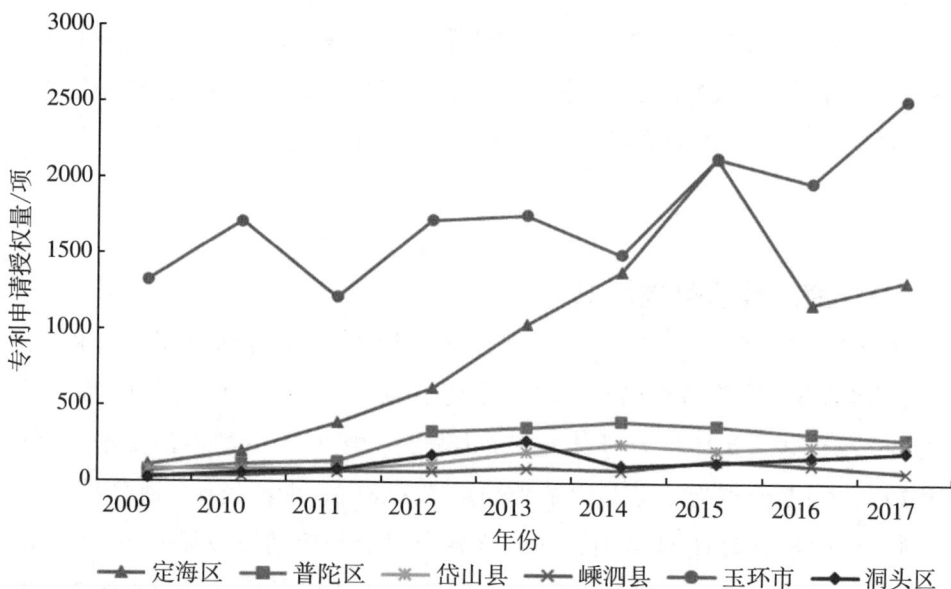

图2.14　2009—2017年海岛县（区）专利申请授权量

分海岛县（区）看，舟山市4个海岛县（区）发明专利情况差距较大，其中：定海区的专利申请受理量在2009—2015年间迅速增长，在2015年达到2798项，但在2015年后，其专利申请受理量有所下降；玉环县专利申请受理量呈稳步增长趋势，大部分年份的专利申请受理量都远高于其他海岛县

（区）。6个海岛县（区）专利申请授权量的整体变化趋势与专利申请受理量比较接近，其中玉环县专利申请授权量始终高于其他海岛县（区）。

　　在海岛县（区）研发人员方面，2015年，浙江省涉海企业研发人员有14 644人。其中，女性有2917人；全职研究人员有10 828人；本科毕业及以上研发人员有6925人，且占研发人员合计的47.29％。各海岛县（区）研发人员的具体情况可见图2.15。

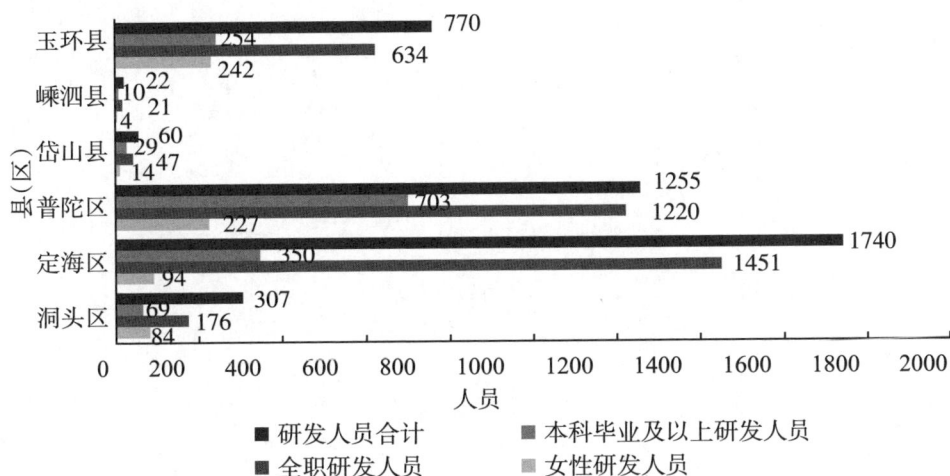

图2.15　2015年浙江省海岛县（区）研发人员情况

　　定海区涉海企业研发人员最多，为1740人，其中约83.39％是全职人员，女性研发人员占比为5.40％，但本科毕业及以上研发人员比重最低，仅占20.11％。普陀区的研发人员共计1255人，其中全职人员与本科毕业及以上研发人员所占比例最高，分别为97.21％和56.02％，人才资源稳定且人才整体素质相对较好。岱山县的研发人员共计60人，其中78.33％为全职人员，女性研发人员占比为23.33％，本科毕业及以上研发人员的比例为48.33％。嵊泗县涉海企业的整体发展较为落后，涉海企业研发人员仅有22人，其中全职人员比例为95.45％，女性研发人员比例为18.18％，本科毕业及以上研发人员不到半数，占比为45.45％。玉环县的研发人员共计770人，全职人员超过八成，占比为82.34％；女性研究人员比例超过三成，是6个海岛县中最高的，占比为31.43％；本科毕业及以上研发人员约占32.99％。洞头区的研发人员共计307人，其中女性研发人员的比例为27.36％，全职人员所占比重为

57.33％，本科毕业及以上研发人员占比为22.48％。

　　综上所述，在专利申请受理和专利申请授权方面，各海岛县（区）差距较大，玉环县的专利申请受理量和专利申请授权量在大多年份都远高于其他海岛县（区）。在研发人员方面，海岛地区本科毕业及以上研发人员占比和全职人员占比较高，人力资源较为丰富，人才整体素质相对较好。

第三章

浙江省海岛地区基础
设施建设

浙江省海岛地区基础设施建设分析包括两部分内容：基础设施建设情况和基础设施承载力分析。其中，基础设施建设情况分析围绕交通、通信、水务等基础设施和相关配套设施展开；基础设施承载力分析通过构建海岛地区基础设施承载力指标体系，并利用熵权法进行综合评价分析，为浙江省6个海岛县（区）和58个海岛乡镇的基础设施建设提供相关政策建议。

第一节 | 海岛地区基础设施建设情况

海岛地区基础设施建设情况分析主要包括两部分内容：交通、通信、水务等基础设施分析和相关配套设施分析。海岛县（区）的配套设施主要包括体育场馆、公共图书馆、医院卫生院、剧院和影剧院等。海岛乡镇的配套设施主要包括文教设施、医疗卫生和社会福利设施、市场建设3个方面。此外，还需关注与环境和能源相关的各种配套设施建设及其运行情况，如污水处理厂、垃圾处理站、发电厂等。

一、海岛县（区）交通、通信、水务等基础设施建设情况

（一）海岛县（区）交通、通信建设情况

根据《中国第三产业统计年鉴》和各海岛县（区）的统计年鉴等资料，2015年浙江省公路里程为118 015公里，海岛地区合计2777公里，约占全省公路里程数的2.35％；浙江省固定电话年末用户数为1471万户，海岛地区合计有51.99万户，约占全省固定电话年末用户数的3.53％。具体数据可见表3.1。

表3.1　2015年浙江省海岛县（区）交通、通信建设情况

市	县（区）	公路里程（公里）	固定电话年末用户数（万户）	移动电话年末用户数（万户）	电信业务收入（万元）
温州市	洞头区	195	1.41	11.33	10 996
舟山市	定海区	763	17.23	83.79	70 005
	普陀区	579	11.82	51.75	39 498
	岱山县	406	5.05	22.20	18 370
	嵊泗县	177	2.20	9.87	8345

续　表

市	县(区)	公路里程 (公里)	固定电话年末 用户数(万户)	移动电话年末用 户数(万户)	电信业务收入 (万元)
台州市	玉环县	657	14.28	78.48	—
合　计		2777	51.99	257.42	147 214
全　省		118 015	1471	—	—

注："—"表示数据缺失。

在交通建设方面，各海岛县（区）公路里程差距较大，嵊泗县人均公路里程数最高，为22.84公里/万人；其次是岱山县，人均公路里程数为21.77公里/万人；洞头区相对较少，人均公路里程数仅为12.74公里/万人。总体而言，各海岛县（区）的交通建设有一定差距，但差距不大。

在通信建设方面，舟山市4个海岛县（区）差距较大，其中定海区固定电话年末用户数最多，为17.23万人；其次是普陀区，为11.82万人；岱山县和嵊泗县分别为5.05万人和2.20万人。定海区电信业务收入最高，达70 005万元，而嵊泗县仅为8345万元，远低于其他海岛县（区），普陀区和岱山县的电信业务收入分别为39 498万元和18 370万元。洞头区互联网宽带接入率最高，约为68.45%，其次是定海区的47.30%、玉环县的46.01%、普陀区的42.00%，最后是嵊泗县及岱山县，分别为30.71%和30.67%，各海岛县（区）的互联网宽带接入率差距较大，尤其是嵊泗县和岱山县，需加强互联网宽带网络建设，完善信息基础设施。

（二）海岛县（区）水务建设情况

根据各海岛县（区）的国民经济和社会发展统计公报、政府工作报告等统计资料，各海岛地区基础设施差异明显，全部海岛共有666个自来水收益村。相关数据可见表3.2。

在水务方面，台州市海岛地区的自来水收益村有276个，舟山市海岛地区的自来水收益村共计299个，普陀区的自来水收益村有83个，定海区、岱山县和嵊泗县分别有97个、85个和34个。舟山市发布了一系列针对性文件，有效地推进了各海岛县（区）的基础设施建设。定海区将提升水利设施保障水平，加快推进现代水利设施建设，健全城乡给水排水体系。岱山县将坚持跨岛引水、水资源开发利用等4项举措，努力提升跨岛引水能力和新增供水能力。嵊泗县将以水源保护和海水综合利用为重点，加大强化饮用水源保护力度，构建泗礁本岛多水源、全方位、综合性、无污染的供水安全保障体系。玉环县将推进楠溪江引水工程，实施取水工程改造，提高饮水安全程度和水资源及设施利用率，提高供水保障能力并构筑水利保障网。

表3.2 2015年浙江省海岛县（区）水务建设情况

单位：个

市	县（区）	自来水收益村
温州市	洞头区	91
舟山市	定海区	97
	普陀区	83
	岱山县	85
	嵊泗县	34
台州市	玉环县	276
共　计		666

（三）海岛乡镇基础设施建设情况

根据各海岛县（区）国民经济和社会发展统计公报、政府工作报告等统计资料，2015年浙江省全部海岛乡镇合计修建了1717.53公里公路和5808个自来水收益村，各海岛乡镇之间的公路和水务设施建设存在显著差异。

1. 公路里程

排除数据缺失的6个乡镇，大门镇公路修建情况最好；还未开始建设公路的乡镇共计9个，其中有6个乡镇属于嵊泗县。具体各海岛乡镇基础设施建设情况见表3.3。

表3.3　2015年浙江省海岛乡镇公路建设情况

单位：公里

市	县(区)	乡(镇、街道)	公路里程
宁波市	北仑区	大榭街道	58.00
		梅山乡	—
	象山县	鹤浦镇	—
		高塘岛乡	—
温州市	洞头区	北岙街道	—
		东屏街道	16.25
		元觉街道	—
		霓屿街道	18.00
		大门镇	195.67
		鹿西乡	13.15
舟山市	定海区	环南街道	33.38
		城东街道	28.13
		盐仓街道	47.14
		临城街道	46.59
		岑港街道	61.80
		马岙街道	40.16
		双桥街道	62.61
		小沙街道	66.05
		金塘镇	100.68
		白泉镇	93.76
		干览镇	37.22
	普陀区	东港街道	120.00
		沈家门街道	—
		朱家尖街道	10.80
		展茅街道	8.00
		六横镇	43.61
		虾峙镇	21.00
		桃花镇	57.00
		东极镇	11.70
		普陀山镇	25.46

续　表

市	县(区)	乡(镇、街道)	公路里程
舟山市	岱山县	高亭镇	47.09
		东沙镇	2.00
		岱东镇	15.45
		岱西镇	1.50
		长涂镇	23.05
		衢山镇	40.00
		秀山乡	21.80
	嵊泗县	菜园镇	0
		嵊山镇	0
		洋山镇	0
		五龙乡	0
		黄龙乡	0
		枸杞乡	0
		花鸟乡	5.00
台州市	椒江区	大陈镇	30.00
	玉环县	玉城街道	78.00
		坎门街道	13.00
		大麦屿街道	59.64
		清港镇	28.00
		楚门镇	37.00
		干江镇	14.30
		沙门镇	30.00
		芦浦镇	27.25
		龙溪镇	8.00
		鸡山乡	3.60
		海山乡	0
	三门县	蛇蟠乡	16.70
共　计			1717.53

注："—"表示数据缺失。

在宁波市的4个乡镇中，梅山乡、鹤浦镇及高塘岛乡数据缺失，大榭街道修建公路里程数为58.00公里。

在温州市所属的海岛乡镇中，北岙街道和元觉街道数据缺失，霓屿街道、东屏街道及鹿西乡公路修建里程依次为18.00公里、16.25公里、13.15公里，大门镇修建公路里程最长，达195.67公里。

在舟山地区的各海岛乡镇中，东港街道、金塘镇和白泉镇公路修建里程位居前三，分别达到120.00公里、100.68公里、93.76公里。除上述3个海岛乡镇，修建公路里程在60公里（不含60公里）到80公里之间的有岑港街道、双桥街道、小沙街道；修建公路里程在40公里（不含40公里）到60公里之间的有6个海岛乡镇；修建公路里程在20公里（不含20公里）到40公里的有7个海岛乡镇；另外7个乡镇公路修建里程均低于20公里，菜园镇等6个乡镇还未修建公路。

在台州市所属的海岛乡镇中，公路修建最长的是玉城街道，达78.00公里；其次是大麦屿街道，达59.64公里；楚门镇、大陈镇、沙门镇、清港镇、芦浦镇公路修建长度在20公里到40公里之间；其余5个海岛乡镇均低于20公里，其中海山乡的公路还未开始建设。

2. **海岛乡镇自来水情况**

根据各海岛县（区）的国民经济和社会发展统计公报、政府工作报告等统计资料，在宁波地区的3个乡镇中，鹤浦镇及高塘岛乡水务建设情况相对较好，自来水收益村分别为34个和18个，梅山乡的自来水收益村为5个。在温州市所属的7个海岛乡镇中，北岙街道、大门镇和东屏街道通自来水的村庄分别为24个、22个和22个，霓屿街道、元觉街道和鹿西乡的自来水收益村分别为10个、7个和6个。2015年浙江省海岛乡镇水务建设情况如表3.4所示。

表3.4 2015年浙江省海岛乡镇水务建设情况

单位：个

市	县(区)	乡(镇、街道)	自来水收益村
宁波市	北仑区	梅山乡	5
	象山县	鹤浦镇	34
		高塘岛乡	18

市	县(区)	乡(镇、街道)	自来水收益村
温州市	洞头区	北岙街道	24
		东屏街道	22
		元觉街道	7
		霓屿街道	10
		大门镇	22
		鹿西乡	6
舟山市	定海区	盐仓街道	5
		临城街道	30
		岑港街道	9
		马岙街道	6
		双桥街道	6
		小沙街道	10
		金塘镇	12
		白泉镇	13
		干览镇	6
	普陀区	朱家尖街道	9
		展茅街道	6
		六横镇	45
		虾峙镇	6
		桃花镇	12
		东极镇	1
		普陀山镇	4
	岱山县	高亭镇	25
		东沙镇	3
		岱东镇	5
		岱西镇	10
		长涂镇	6
		衢山镇	33
		秀山乡	3

续　表

市	县(区)	乡(镇、街道)	自来水收益村
舟山市	嵊泗县	菜园镇	11
		嵊山镇	5
		洋山镇	1
		五龙乡	4
		黄龙乡	4
		枸杞乡	7
		花鸟乡	2
台州市	椒江区	大陈镇	6
	玉环县	玉城街道	61
		坎门街道	6
		大麦屿街道	48
		清港镇	40
		楚门镇	28
		干江镇	19
		沙门镇	23
		芦浦镇	16
		龙溪镇	20
		鸡山乡	6
		海山乡	9
	三门县	蛇蟠乡	6
共　计			735

在舟山地区的各海岛乡镇中，六横镇的自来水收益村最多，为45个；26个海岛乡镇的自来水收益村均低于20个，且有20个海岛乡镇的自来水收益村数量低于10个。

在台州市所属的海岛乡镇中，水务建设最完善的是玉城街道，自来水收益村数量达61个；其次是大麦屿街道，接通自来水的村庄达40个；有7个海岛乡镇的自来水收益村低于20个，其中5个海岛乡镇的自来水收益村数量低于10个。

二、海岛地区相关配套设施建设情况

（一）海岛县（区）相关配套设施建设情况

通过《浙江统计年鉴》可以获得各海岛县（区）的体育场馆数、公共图书馆图书藏量、剧院和影剧院数及医院卫生院数。其中，体育场馆数、公共图书馆图书藏量、剧院和影剧院数反映了各海岛县（区）的教育文化和休闲娱乐方面的基础设施建设情况，而医院卫生院数反映了各海岛县（区）的卫生医疗基础设施建设情况。各海岛县（区）相关配套设施具体情况见表3.5、表3.6和表3.7。

表3.5　浙江省海岛县（区）体育场馆数、剧院和影剧院数

单位：个

年　份	体育场馆数				剧院和影剧院数			
	岱山县	嵊泗县	玉环市	洞头区	岱山县	嵊泗县	玉环市	洞头区
2003	—	5	1	3	1	3	4	1
2004	—	1	2	—	2	1	4	1
2005	1	1	2	—	1	1	4	1
2006	1	1	5	—	1	1	4	1
2007	2	1	5	—	2	1	4	1
2008	2	1	5	—	1	1	4	1
2009	2	1	2	2	2	1	4	1
2010	2	1	3	2	2	1	4	1
2011	2	1	4	—	2	2	5	1
2012	2	1	4	—	2	2	6	1
2013	2	1	4	—	2	2	7	1
2014	5	2	5	—	1	2	8	1
2015	5	2	5	1	1	2	8	1
2016	5	2	6	1	2	1	4	1
2017	5	2	6	1	2	1	7	1

注："—"表示数据缺失。

表3.6　浙江省海岛县（区）公共图书馆图书藏量

单位：千册

年 份	舟 山				台 州	温 州
	定海区	普陀区	岱山县	嵊泗县	玉环市	洞头区
2000	133	84	73	57	80	61
2001	—	—	105	62	84	63
2002	—	—	108	60	92	65
2003	—	—	115	65	98	68
2004	—	—	121	49	103	70
2005	—	—	125	54	125	71
2006	—	—	130	62	131	74
2007	—	—	135	70	137	75
2008	—	155	143	75	153	84
2009	—	169	153	89	164	99
2010	—	191	165	91	172	103
2011	—	208	187	98	840	114
2012	—	184	205	106	910	210
2013	178	177	225	111	176	411
2014	198	168	242	117	218	429
2015	214	179	264	125	262	240
2016	243	253	280	129	340	261
2017	—	—	300	140	740	280

注："—"表示数据缺失。

表3.7　浙江省海岛县（区）医院卫生院数

单位：个

年 份	舟 山				台 州	温 州
	定海区	普陀区	岱山县	嵊泗县	玉环市	洞头区
2000	30	31	20	15	15	15
2001	—	—	21	18	34	15
2002	—	—	18	15	15	15
2003	19	29	18	12	14	15
2004	19	32	18	9	14	7

年　份	舟　山				台　州	温　州
	定海区	普陀区	岱山县	嵊泗县	玉环市	洞头区
2005	19	28	18	9	19	6
2006	14	30	18	9	16	7
2007	15	31	18	9	14	8
2008	19	30	18	9	14	8
2009	18	37	18	9	14	8
2010	19	35	18	9	11	2
2011	22	22	18	9	12	2
2012	21	22	18	9	12	8
2013	23	22	18	9	12	8
2014	21	20	10	9	13	8
2015	27	21	10	9	14	8
2016	28	21	10	9	14	8
2017	—	—	4	2	7	2

注："—"表示数据缺失。

（二）海岛乡镇相关配套设施建设情况

根据海岛乡镇的实际情况，将公共服务配套设施建设情况分为3个方面：文教设施建设情况、医疗卫生和社会福利设施建设情况及市场建设情况。其中，文教设施方面的指标包括小学数，普通中学数，图书馆和文化站数，公园、剧场和影院数，体育场馆数；医疗卫生和社会福利设施方面的指标包括医院、卫生院数，医生人数，敬老院和福利院数量，现收养人数；市场建设方面的指标包括储蓄所数和市场数。以下根据各海岛县（区）国民经济和社会发展统计公报、政府工作报告等统计资料对上述指标进行汇总分析。

1. 文教设施建设情况

从整体上看，浙江省海岛乡镇共有小学137所、普通中学62所，建设图书馆和文化站98个、公园335个、剧场和影院32个、体育场馆50个，各指标详细数据见表3.8。

表3.8 2015年浙江省海岛乡镇文教设施建设情况

市	县(区)	乡(街道、镇)	小学数(所)	普通中学数(所)	图书馆、文化站(个)	公园个数(个)	剧场、影剧院数(个)	体育场馆数(个)
宁波市	北仑区	大榭街道	2	1	1	9	2	1
		梅山乡	1	—	1	7	0	0
	象山县	鹤浦镇	1	—	1	36	0	2
		高塘岛乡	1	—	1	18	0	1
温州市	洞头区	北岙街道	4	2	3	5	1	0
		东屏街道	1	1	1	2	0	0
		元觉街道	1	1	1	—	—	—
		霓屿街道	2	1	1	0	0	0
		大门镇	1	1	2	0	0	1
		鹿西乡	1	0	1	0	0	0
舟山市	定海区	环南街道	3	1	2	8	2	2
		城东街道	3	1	1	2	0	0
		盐仓街道	2	1	7	5	0	2
		临城街道	7	3	3	20	1	2
		岑港街道	2	1	2	9	1	0
		马岙街道	1	1	1	10	1	0
		双桥街道	2	0	2	6	0	0
		小沙街道	2	0	2	12	0	0
		金塘镇	4	1	2	15	1	1
		白泉镇	2	1	1	2	1	0
		干览镇	1	1	1	1	0	0
	普陀区	东港街道	3	3	2	4	2	1
		沈家门街道	5	1	2	5	2	5
		朱家尖街道	2	1	1	9	1	0
		展茅街道	3	1	2	2	1	—
		六横镇	3	3	2	2	1	0
		虾峙镇	1	1	1	1	—	—
		桃花镇	1	1	1	4	—	2
		东极镇	0	0	2	0	0	0
		普陀山镇	1	0	1	7	1	0

市	县(区)	乡(街道、镇)	小学数(所)	普通中学数(所)	图书馆、文化站(个)	公园个数(个)	剧场、影剧院数(个)	体育场馆数(个)
舟山市	岱山县	高亭镇	5	4	12	32	3	2
		东沙镇	2	1	1	0	0	0
		岱东镇	1	0	4	22	0	0
		岱西镇	1	0	1	0	0	0
		长涂镇	1	0	1	6	0	0
		衢山镇	4	1	2	8	1	1
		秀山乡	1	0	1	5	0	0
	嵊泗县	菜园镇	4	2	2	1	1	0
		嵊山镇	1	0	1	0	0	1
		洋山镇	1	0	1	1	1	1
		五龙乡	0	0	0	0	0	0
		黄龙乡	1	0	0	0	0	0
		枸杞乡	1	0	2	0	0	0
		花鸟乡	0	0	0	1	0	0
台州市	椒江区	大陈镇	1	1	1	4	1	16
	玉环县	玉城街道	16	12	2	2	2	1
		坎门街道	4	1	2	0	0	1
		大麦屿街道	6	2	2	1	1	0
		清港镇	8	1	3	1	0	0
		楚门镇	6	3	4	20	2	4
		干江镇	2	1	1	1	0	0
		沙门镇	2	1	0	3	1	1
		芦浦镇	1	1	1	16	0	0
		龙溪镇	2	1	1	1	0	0
		鸡山乡	1	0	1	8	0	0
		海山乡	1	1	0	0	0	0
	三门县	蛇蟠乡	1	0	1	1	0	0
共　计			137	62	98	335	32	50

注:"—"表示数据缺失。

结合表3.8海岛乡镇文教设施建设情况数据发现,排除缺失数据,宁波市

4个海岛乡镇共计建设5所小学，其中大榭街道2所，其余3个乡镇各有1所；建设普通中学1所，位于大榭街道；图书馆和文化站共计4个，各海岛乡镇均有1所；建设公园共计70个，鹤浦镇所占数量超过半数，达36个；建设剧场和影院共2个，均位于大榭街道；建设体育场馆共计4个，其中鹤浦镇2个，大榭街道和高塘岛乡各1个。相较而言，梅山乡的文教娱乐各项设施建设情况均较为落后。

温州市所属的海岛乡镇共计建设10所小学，其中北岙街道最多，有4所，霓屿街道有2所，其余4个海岛乡镇各有1所；普通中学建设了6所，其中北岙街道有2所，鹿西乡现无建设完成的普通中学，另外4个海岛乡镇各有1所；图书馆和文化站共计9个，北岙街道最多，有3所，大门镇设有2所，其余各海岛乡镇均建1所；建设公园共计7个，北岙街道有5个，东屏街道有2个，其余海岛乡镇还未开始建设公园；建设剧场和影院仅1个，位于北岙街道；体育场馆也仅建成1个，位于大门镇。相较而言，北岙街道的文教娱乐各项设施建设普遍较为领先，鹿西乡在各方面上表现较为落后。

舟山地区34个海岛乡镇共计建设了小学71所，其中：临城街道建设的小学数量最多，有7所；其次是沈家门街道和高亭镇，均为5所；东极镇、五龙乡和花鸟镇还未有建设完成的小学。建设普通中学共30所，其中高亭镇拥有的普通中学数量最多，为4所；其次为临城街道、东港街道、六横镇，各3所；菜园镇2所；此外有15个海岛乡镇各拥有1所，14个海岛乡镇还未建设中学。图书馆和文化站共计66个，分布最多的地区为高亭镇12个，其次为盐仓街道，其余13个海岛乡镇拥有2个图书馆和文化站，14个海岛乡镇拥有1个，五龙乡、黄龙乡和花鸟乡暂未有建设完成的图书馆和文化站。共计建设公园200个，主要分布在高亭镇、岱东镇和临城街道，五龙乡、黄龙乡等7个海岛乡镇仍未建设公园设施。建设剧场和影院共22个，高亭镇分布最多，为3个；环南街道、沈家门街道和东港街道均为2个；有15个海岛乡镇还未建设剧场和影院。体育场馆共计建设22个，沈家门街道拥有5个，东极镇等20个海岛乡镇暂无建设完成的体育馆。从整体上看，文教娱乐各项设施主要集中在定海区、普陀区和岱山县的海岛乡镇，尤其是定海区的临城街道和岱山县的高亭镇，各项设施建设均较为完善。

台州市所属的13个海岛乡镇共计建设小学51所，主要分布在玉城街道、清港镇、大麦屿街道和楚门镇，而大陈镇等4个海岛乡镇仅有1所小学；建设普通中学25所，主要分布于玉城街道，建有12所，鸡山乡和蛇蟠乡建设数量为零；图书馆和文化站共计19个，楚门镇建成数量最多，为4个，海山乡和沙门镇分布数量为零；建设公园共计58个，主要分布在楚门镇和芦浦镇，坎门街道和海山乡的建设数量为零；建设剧场和影院共计7个，坎门街道等8个海岛乡镇还未建设地方剧场和影院；建设体育场馆共23个，主要分布在大陈镇，其次是楚门镇，玉城街道、坎门街道和沙门镇建设地方体育场馆各1所，其余海岛乡镇均无体育场馆。相较而言，楚门镇和玉城街道文教娱乐设施建设得较为丰富和完善，海山乡的建设情况相对较差。

2. 医疗卫生和社会福利设施建设情况

2015年，浙江省海岛乡镇共有医院和卫生院225个、医生3540人、敬老院和福利院85个，各种社会福利收养性单位收养3484人。相关指标的具体分布情况见表3.9。

表3.9 2015年浙江省海岛乡镇医疗卫生和社会福利设施建设情况

市	县(区)	乡 镇	医院、卫生院数(个)	医生数(人)	敬老院、福利院数(个)	各种社会福利收养性单位收养人数(人)
宁波市	北仑区	大榭街道	1	106	1	110
		梅山乡	1	17	2	88
	象山县	鹤浦镇	1	65	3	222
		高塘岛乡	1	17	1	64
温州市	洞头区	北岙街道	1	—	—	—
		东屏街道	1	12	5	130
		元觉街道	1	10	—	—
		霓屿街道	1	22	0	0
		大门镇	1	26	1	9
		鹿西乡	1	11	1	0

市	县(区)	乡　镇	医院、卫生院数(个)	医生数(人)	敬老院、福利院数(个)	各种社会福利收养性单位收养人数(人)
舟山市	定海区	环南街道	7	29	1	50
		城东街道	5	—	1	113
		盐仓街道	1	16	1	22
		临城街道	18	618	1	30
		岑港街道	2	12	1	30
		马岙街道	1	9	1	24
		双桥街道	1	13	1	25
		小沙街道	8	20	1	37
		金塘镇	1	40	1	0
		白泉镇	18	55	2	40
		干览镇	1	11	1	15
	普陀区	东港街道	3	400	3	250
		沈家门街道	1	60	0	0
		朱家尖街道	12	32	2	73
		展茅街道	1	16	1	55
		六横镇	2	112	1	139
		虾峙镇	8	24	4	77
		桃花镇	6	35	2	43
		东极镇	1	18	1	10
		普陀山镇	5	21	1	6
	岱山县	高亭镇	6	235	4	218
		东沙镇	3	50	5	165
		岱东镇	1	13	1	21
		岱西镇	1	15	1	19
		长涂镇	5	64	2	63
		衢山镇	6	65	1	43
		秀山乡	3	9	2	44

市	县(区)	乡 镇	医院、卫生院数(个)	医生数(人)	敬老院、福利院数(个)	各种社会福利收养性单位收养人数(人)
舟山市	嵊泗县	菜园镇	6	109	2	65
		嵊山镇	1	0	1	16
		洋山镇	1	21	1	36
		五龙乡	1	0	0	0
		黄龙乡	1	20	1	36
		枸杞乡	1	0	0	0
		花鸟乡	1	3	0	0
台州市	椒江区	大陈镇	2	19	1	0
	玉环县	玉城街道	6	461	5	392
		坎门街道	39	120	3	247
		大麦屿街道	1	175	4	168
		清港镇	1	26	1	19
		楚门镇	2	170	2	100
		干江镇	1	7	2	61
		沙门镇	1	16	1	6
		芦浦镇	8	52	2	85
		龙溪镇	12	30	1	13
		鸡山乡	1	6	1	5
		海山乡	1	15	0	0
	三门县	蛇蟠乡	1	12	0	0
共计			225	3540	85	3484

注："—"表示数据缺失。

根据表3.9的数据，宁波市4个海岛乡镇各有1所医院、卫生院，医生人数共计205人，大榭街道和鹤浦镇的医生人数占医生总数的83.41％。在社会福利建设方面，已有敬老院或福利院7个，共计收养人数484人。其中，鹤浦镇建设敬老院或福利院3个，收养人数为222人；梅山乡建有敬老院或福利院2个，平均每个敬老院或福利院收养人数为44人；大榭街道仅有1所敬老院或福利院，收养人数达110人，收养密集程度最大。可以看出，宁波市各海岛乡镇之间医疗卫生和社会福利方面的资源并不均衡，大榭街道应增加敬老院或福利院的数量。

温州市海岛乡镇医院覆盖率为100%，数量均为1个，各地医院配备医生人数从10人到26人不等，最多的为大门镇，最少的为元觉街道；在社会福利方面，有敬老院或福利院的乡镇为东屏街道、大门镇和鹿西乡，东屏街道共建设有5个敬老院或福利院，院均人数为26人，另外2个乡镇各建设1个，收养人数分别为9人和0人。可见，温州市已有设施利用率低，存在资源浪费的现象。

舟山市34个海岛乡镇全部配有医院，建有医院或卫生院共139个，医生共计2145人，但各乡镇医院和医生分布差距很大。其中，临城街道和白泉镇建设医院数量最多，均为18个，而五龙乡、枸杞乡等16个乡镇均只有1所医院或卫生院。临城街道医生数量达618人；其次是东港街道，医生人数为400人，院均配备医生数量约为133人/个；嵊山镇、五龙乡、枸杞乡目前还未配备医生。在社会福利方面，舟山市海岛乡镇敬老院、福利院的覆盖率约为88.57%，分布数量最多的为东沙镇，有5个敬老院或福利院；东港街道收养人数最多，为250人；城东街道院均收养人数最多，约为113人/个。从整体上看，在普及率及资源配备情况上，舟山市医疗基础设施相对社会福利设施情况较好，但仍存在资源分配不均和浪费的现象。

台州市所属的13个海岛乡镇均实现医院建设和医生配备全覆盖，但各乡镇建设医院数量、配备医生数量及院均医生人数差别较大。其中，医院、卫生院分布数量最大的是坎门街道，为39个，海山乡等7个海岛乡镇数量最少；配备医生数量最多的为玉城街道的461人，最少的为鸡山乡的6人；院均医生人数最多的为大麦屿街道的175人/个，最少的为龙溪镇的2.5人/个。在社会福利方面，13个海岛乡镇的敬老院或福利院共计23个，收养人数共计1096人。其中：敬老院或福利院分布数量最多的为玉城街道的5个，海山乡和蛇蟠乡还未建设养老服务设施；收养人数最多的为玉城街道，院均容纳人数最多的为坎门街道，约为82人/个；鸡山乡等5个海岛乡镇的院均容纳人数不足20人/个。在医疗和社会福利设施利用上，台州市各海岛乡镇的资源分配有待进一步优化，且已有设施的利用率尚待提升。

3. 市场建设情况

在市场建设方面，2015年，浙江省海岛乡镇共有储蓄所383个、市场152

个。相关指标的具体分布情况见表3.10。

表3.10　2015年浙江省海岛乡镇市场建设情况

单位：个

市	县(区)	乡　镇	储蓄所数	市场个数
宁波市	北仑区	大榭街道	8	2
		梅山乡	5	3
	象山县	鹤浦镇	6	2
		高塘岛乡	2	1
温州市	洞头区	北岙街道	10	2
		东屏街道	1	0
		元觉街道	1	1
		霓屿街道	1	1
		大门镇	3	1
		鹿西乡	1	0
舟山市	定海区	环南街道	12	3
		城东街道	1	2
		盐仓街道	4	2
		临城街道	22	7
		岑港街道	2	2
		马岙街道	6	2
		双桥街道	2	4
		小沙街道	4	3
		金塘镇	17	5
		白泉镇	8	4
		干览镇	3	2
	普陀区	东港街道	6	5
		沈家门街道	50	0
		朱家尖街道	10	1
		展茅街道	5	2
		六横镇	2	14
		虾峙镇	2	1
		桃花镇	2	2
		东极镇	1	1
		普陀山镇	8	1

续　表

市	县(区)	乡　镇	储蓄所数	市场个数
舟山市	岱山县	高亭镇	55	8
		东沙镇	6	3
		岱东镇	4	1
		岱西镇	2	1
		长涂镇	3	1
		衢山镇	1	6
		秀山乡	2	3
	嵊泗县	菜园镇	14	0
		嵊山镇	2	3
		洋山镇	0	1
		五龙乡	0	0
		黄龙乡	2	1
		枸杞乡	3	1
		花鸟乡	1	1
台州市	椒江区	大陈镇	1	1
	玉环县	玉城街道	23	10
		坎门街道	17	7
		大麦屿街道	12	2
		清港镇	9	4
		楚门镇	11	12
		干江镇	1	1
		沙门镇	4	2
		芦浦镇	1	3
		龙溪镇	1	1
		鸡山乡	1	1
		海山乡	1	1
	三门县	蛇蟠乡	1	1
共　计			383	152

　　宁波市4个海岛乡镇共有储蓄所21个,覆盖率为100%,主要分布在大榭街道;市场共有8个,其中,梅山乡市场数量最多。高塘岛乡拥有的储蓄所和市场数量均最少。

温州市海岛乡镇的储蓄所覆盖率为100%，各海岛乡镇储蓄所建设数量从1到10个不等。其中，北岙街道分布数量最多，其次为大门镇。在市场建设方面，各海岛乡镇市场覆盖率为66.67%，北岙街道建设的市场数量最多，为2个；鹿西乡和东屏街道还未建设各自的市场。相较而言，北岙街道市场建设得更加完善，在金融储蓄和生活购物方面更加便捷。

舟山地区的海岛乡镇储蓄所共计262个，覆盖率达94.12%。其中，高亭镇的储蓄所最多，为55个；洋山镇和五龙乡两地暂时还未建设储蓄所。市场建设数量共计93个，覆盖率达91.12%。其中，六横镇市场建设数量最多，为14个；花鸟乡等11个海岛乡镇仅拥有1个市场；五龙乡、菜园镇和沈家门街道3个海岛乡镇暂时还未建设市场。

台州市所属的13个海岛乡镇共有储蓄所83个、市场46个，两项设施覆盖率均达100%。其中，玉城街道的储蓄所建设数量最多，为23个；鸡山乡等半数以上的海岛乡镇仅拥有1所。楚门镇的市场分布数量最多，为12个；鸡山乡等6个海岛乡镇仅拥有1个市场。从建设的储蓄所和市场数量上看，玉城街道的设施建设完成度最高，金融储蓄和生活便利性最好。

三、海岛地区相关环境保护设施建设情况

根据《中国环境统计年鉴》、各海岛县（区）国民经济和社会发展统计公报、政府工作报告等统计资料（不含洞头区），各海岛地区基础设施差异明显。全部海岛县（区）共有污水处理厂17个、垃圾处理站36个。截至2015年底，我国海岛县（区）已建成污水处理厂118个，已建成垃圾处理厂68个，浙江省海岛县（区）的污水处理厂和垃圾处理厂的占比分别为13.56%和51.47%，表明浙江省海岛地区环境保护设施建设得较为完善。同时，自2010年国家持续推进受损海岛生态整治修复工作以来，浙江省海岛生态保护的成效显著，海岛生态整治项目已有30个，占全部生态整治项目的17.75%。相关数据可见表3.11。

表3.11　2015年浙江省海岛县（区）基础设施建设情况

单位：个

市	县(区)	污水处理厂数(个)	垃圾处理站数(个)	人均污水处理厂数(个/万人)	人均垃圾处理站数(个/万人)
温州市	洞头区	—	—	—	—
舟山市	定海区	1	1	0.03	0.03
	普陀区	8	24	0.25	0.75
	岱山县	4	9	0.21	0.47
	嵊泗县	1	1	0.14	0.14
台州市	玉环县	3	1	0.07	0.02
共　　计		17	36	—	—

注："—"表示数据缺失。

从人均拥有量来看，普陀区的污水处理厂和垃圾处理站的人均拥有量最高，分别为0.25个/万人和0.75个/万人；其次为岱山县，其人均污水处理厂和人均垃圾处理站分别为0.21个/万人和0.47个/万人；定海区的人均污水处理厂和人均垃圾处理站均为0.03个/万人；玉环县的污水处理厂和垃圾处理站的人均拥有量分别为0.07个/万人和0.02个/万人；嵊泗县的污水处理厂和垃圾处理站的人均拥有量均为0.14个/万人。相对而言，普陀区和岱山县的污水和垃圾处理设施建设得较为完善，有利于居民生活环境和地区生态环境的保护。

四、海岛地区能源消耗水平与构成情况

2015年，浙江省的全社会用电量为3553.90亿千瓦时，人均全社会用电量为7292.53千瓦时；工业用电量为2584.30亿千瓦时，人均工业用电量为5302.94千瓦时，工业用电占比为72.72%。根据《温州统计年鉴》《舟山统计年鉴》和《台州统计年鉴》，浙江省海岛地区的全社会用电量为85.16亿千瓦时，工业用电量为51.85亿千瓦时，工业用电占比为60.89%；人均全社会用电量为5566.03千瓦时，人均工业用电量为3389.16千瓦时，低于全省的人均用电水平。这在一定程度上反映出海岛地区整体经济、工业的发展水平相对全省平均发展水平较为落后，有待进一步提升。各地区的用电量数据可见表3.12。

表3.12　2015年浙江省海岛县（区）各类型用电量

市	县（区）	全社会用电量（万千瓦时）	工业用电量（万千瓦时）	居民生活用电量（万千瓦时）	工业用电占比（％）
温州市	洞头区	24 478	7873	9078	32.16
舟山市	定海区	200 663	104 096	32 879	51.88
	普陀区	148 190	74 581	29 801	50.33
	岱山县	70 685	47 431	12 030	67.10
	嵊泗县	40 716	5892	4898	14.47
台州市	玉环市	366 871	278 669	57 368	75.96
共　计		851 603	518 542	146 054	60.89

　　分海岛县（区）来看，洞头区的全社会用电量达2.45亿千瓦时，工业用电量为0.79亿千瓦时，工业用电占比仅为32.16％，远低于全省及全省海岛地区，可见其工业发展较为落后。玉环市的全社会用电量达36.69亿千瓦时，工业用电量为27.87亿千瓦时，工业用电占比高达75.96％，表明工业用电量是全社会用电量的主要部分。舟山市定海区、普陀区、岱山县和嵊泗县的工业用电量占比分别为51.88％，50.33％，67.10％和14.47％，均低于全省的工业用电量占比，表明这4个海岛县（区）人均全社会用电量和人均工业用电量也落后于全省的平均水平；而嵊泗县的人均工业用电量仅为841.71千瓦时，工业发展基础尤其薄弱。具体如图3.1所示。

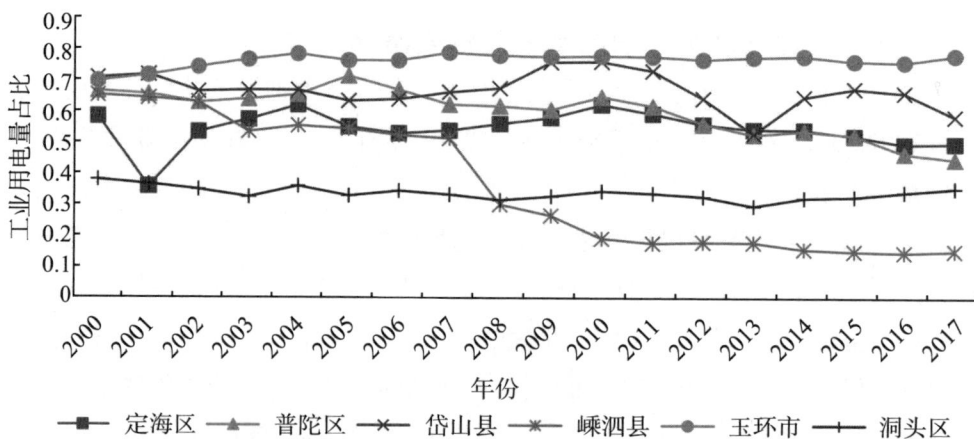

图3.1　2000—2017年浙江省各海岛县（区）工业用电量占比

分海岛县来看，2000—2017年，玉环市全社会用电量、工业用电量、居民生活用电量均呈较为明显的上升趋势。在工业用电量占比方面，玉环市工业用电量占比为77%左右，工业用电量是全社会用电量的主力，工业经济是玉环市经济的主体。舟山市定海区、普陀区居民工业用电量和生活用电量的发展趋势较为相似，生活用电量呈上升趋势，工业用电量发展则较为平缓。从工业用电量占比上看，近年来，定海区和普陀区的工业用电量占比有所下降。岱山县3种用电量发展得均较为平缓，但工业用电量占比大多在60%以上。相较而言，嵊泗县的工业发展基础尤其薄弱，电力发展空间较大。温州市洞头区多年来各类型用电量都没有太大差别，其工业用电量占比大致在35%左右浮动，远低于其他海岛地区，工业发展较为落后。

第二节 | 海岛地区基础设施承载力分析

本部分针对6个海岛县（区）和58个海岛乡镇，构建海岛县（区）基础设施综合承载力和海岛乡镇基础设施总量承载力指标体系，利用熵权法进行综合评价分析。通过海岛地区综合评价得分，可发现基础设施建设较为薄弱的海岛县（区）或海岛乡镇，从而为这些地区的基础设施建设提出针对性的改进建议。

一、基础设施内涵及其与社会经济发展关系

基础设施包括社会基础设施和经济基础设施两方面，经济基础设施主要包括交通运输、通信、电力、水利及市政基础设施，而社会基础设施则涵盖文教、科研、医疗保健等方面。基础设施承载力是指，某一地区在不影响居民生活质量的条件下，基础设施支持人类活动的能力。

基础设施与经济发展之间相互影响，基础设施建设水平的提升可以促进经济增长，反过来经济增长又助推基础设施建设。基础设施建设对经济增长的推动作用主要表现在三方面：一是，基础设施建设具有"乘数效应"，它形成了直接投资和有效需求，可以增加就业机会；二是，基础设施还具有较强

的正外部溢出效应，有利于提高生产效率，降低经济交易成本和企业生产成本，从而促进经济增长；三是，基础设施的完善有助于提高教育和人力资本水平，增加社会福利和居民收入。

本节将构建海岛县（区）基础设施承载力指标体系和海岛乡镇基础设施总量承载力指标体系，分别对海岛地区基础设施建设水平及其与经济发展的关系进行分析。

二、海岛地区基础设施承载力分析

基础设施包括交通、通信、电力、教育、医疗卫生等方面，因此，本部分从电力、道路交通、邮电设施、生态环境、教育、卫生6个方面构建海岛县（区）基础设施承载力指标体系，并在此基础上利用熵权法对该指标体系赋权，计算得到浙江省海岛县（区）的基础设施承载力综合得分，并给出排序结果。

采用的综合评价模型为：

$$E_i = \sum q_j \times z_{ij} \tag{3-1}$$

其中，E_i表示第i年的浙江省海岛县（区）基础设施承载力的综合指数，该指数越高，说明其状态越好。q_j表示第j个测算指标的权重，z_{ij}表示第i年的第j个指标的无量纲化数值。

在遵循全面性、唯一性和可取性的指标体系构建原则的基础上，结合相关文献和基础设施承载力的内涵与特征，本节选取指标如下。

能源设施方面包括万元地区生产总值能耗、日均能源消耗、人均居民生活用电量3个指标。考虑到各海岛县（区）工业发展差距较大，工业用电量占比相差悬殊，因此，以人均居民生活用电量而不是人均工业用电量来反映海岛县（区）电力供应状况。万元地区生产总值能耗是反向指标，用来反映人口和经济所带来的反向压力。

邮电设施方面包括万人拥有邮电局数、人均邮电业务总量及移动电话年末用户数3个指标。

道路交通设施方面包括日均客运量、人均货运量和人均境内公路里程3个指标。由于县域海岛难以发展铁路运输和航空运输，本节主要从公路、水路两种运输方式入手考虑海岛县（区）道路交通基础设施建设情况。公路里程数会直接影响到该地区的交通运输能力，而浙江省各海岛县（区）的路域面积相差较大，例如，2015年嵊泗县土地面积仅为97平方公里，定海区土地面积则达到572平方公里，故本部分以公路密度衡量海岛县（区）公路运输能力。公路密度有两种计算方式，本节采用每平方公里境内公路里程数来计算公路密度，即公路密度＝境内公路里程数/路域面积（单位：公里/平方公里）。

水务方面包括人均水资源量和万元地区生产总值水耗两个指标。县域海岛淡水资源是维持生产生活的关键因素，这一指标的丰富有助于维护海岛生态系统稳定，因此，本部分以人均水资源量反映县域海岛水资源状况及其与人口的协调关系。万元地区生产总值水耗是一个反向指标，反映海岛居民生产生活所带来的水资源压力。

教育方面分别用每万人拥有普通中小学数来反映教育发展水平，以每万人拥有医院、卫生院数来反映卫生发展水平，以空气质量优良率来反映生态环境发展水平。海岛县（区）一般地域面积狭小、人口较少，不适宜建立高等院校，但可以布局较完善的义务教育学校体系。医疗卫生设施是人民生命安全的直接保障，也是地区发展所必需的服务机构。海岛生态旅游近年来越发火热，而空气质量会直接影响到海岛地区对游客的吸引力，因此空气质量近年来也备受关注。

海岛县（区）基础设施承载力指标体系及具体数值如表3.13所示。

表3.13　2015年浙江省海岛县（区）基础设施承载力综合评价指标

一级指标	二级指标	单　位	舟山市				温州市	台州市
			定海区	普陀区	岱山县	嵊泗县	洞头区	玉环县
能源	万元地区生产总值能耗	吨标准煤/万元	0.163	0.128	0.092	0.012	0.076	0.383
	人均居民生活用电量	千瓦时/人	848.05	925.82	645.04	632	592.95	1333.52

一级指标	二级指标	单　位	舟山市				温州市	台州市
			定海区	普陀区	岱山县	嵊泗县	洞头区	玉环县
道路交通	日均客运量	人/天	3.279	8.51	2.118	0.973	1.26	7.8
	公路密度	公里/平方公里	1.334	1.256	1.253	1.825	1.126	1.737
水务	人均水资源量	立方米/人	1487.67	1067.23	1152.6	556.9	278.9	88.29
	万元地区生产总值水耗	立方米/万元	0.013	0.01	0.01	0.005	0.006	0.001
邮电	万人拥有邮电局数	处/万人	0.49	0.497	0.536	1.161	0.392	0.883
	人均邮电业务总量	元/人	1940.62	1340.39	1101.13	1235.87	814.24	1823.69
	移动电话年末用户数	万户	83.79	51.75	22.2	9.87	11.33	78.482
教育	每万人拥有普通中小学数	所/万人	0.825	0.746	1.072	1.29	0.98	0.767
卫生	每万人拥有医院、卫生院数	个/万人	0.696	0.652	0.536	1.161	0.523	0.325
生态环境	空气质量优良率	%	90.8	90.0	90.0	88.2	95.7	94.4

　　根据熵权法计算得到的海岛县（区）基础设施承载力评价指标权重如表3.14所示。

表3.14　2015年浙江省海岛县（区）基础设施承载力综合评价指标权重

一级指标	二级指标	权　重
能源	万元地区生产总值能耗	0.040
	人均居民生活用电量	0.117

续 表

一级指标	二级指标	权 重
道路交通	日均客运量	0.112
	公路密度	0.086
邮电	万人拥有邮电局数	0.103
	人均邮电业务总量	0.061
	移动电话年末用户数	0.104
水务	人均水资源量	0.069
	万元地区生产总值水耗	0.066
教育	每万人拥有普通中小学数	0.102
卫生	每万人拥有医院、卫生院数	0.068
生态环境	空气质量优良率	0.073

根据熵权法计算得到的各海岛县（区）基础设施承载力综合得分和排序结果如表3.15所示。

表3.15　2015年浙江省海岛县（区）基础设施承载力综合得分

海岛县(区)	综合得分	得分排序
定海区	44.0958	3
普陀区	41.8134	4
岱山县	28.5548	5
嵊泗县	49.3665	2
洞头区	21.9887	6
玉环县	64.0523	1

由表3.15可知，浙江省海岛地区6个海岛县（区）的基础设施承载力存在一定差距，大致可分为3个层次。台州市玉环县为第一层次，其基础设施承载力得分远高于其他海岛县（区），综合得分达到64.0523，位居第一，其能源、道路交通、邮电及生态环境承载力较高。舟山市定海区、普陀区、嵊泗县可看作第二层次，综合得分分别为44.0958，41.8134和49.3665。第三层次是洞头区和岱山县，综合得分分别为21.9887和28.5548，可见其基础设施承载力明显弱于其他海岛县（区）。各海岛县（区）在"十三五"规划期间将

积极推进环境综合整治，加大主要污染物减排力度，将发展生态经济、循环经济等绿色经济形态提到重要高度。同时，完善基础设施和公共设施建设，推进坚强智能电网建设，完善能源、水利、信息设施网络，努力形成结构合理、功能齐全的现代交通体系和基础设施布局，为海岛地区县域经济社会发展提供强力支撑。

三、海岛乡镇基础设施总量承载力分析

测算海岛乡镇基础设施总量水平时，考虑到数据的可获得性，选取市场个数、金融机构网点数、公园及休闲健身广场个数、通自来水的村个数、小学学校数、图书馆和文化站个数、文化站个数、剧场和影剧院个数、体育场馆个数、医疗卫生机构个数、各种社会福利收养性单位数等指标数据，同时由于部分乡镇数据缺失，此部分仅计算52个海岛乡镇的综合评价结果，结果如表3.16和表3.17所示。

表3.16　2015年浙江省海岛乡镇基础设施总量综合评价指标

市	县(区)	乡(街道、镇)	通自来水村数	小学数	图书馆、文化站个数	体育场馆个数	剧场、影剧院个数
			个	所	个	个	个
宁波市	北仑区	梅山乡	5	1	1	1	0
	象山县	鹤浦镇	34	1	1	2	0
		高塘岛乡	18	1	1	1	0
温州市	洞头区	北岙街道	24	4	2	0	1
		东屏街道	13	1	1	0	0
		元觉街道	7	1	1	0	0
		霓屿街道	10	2	1	0	0
		大门镇	22	1	1	0	1
		鹿西乡	6	1	3	0	0

市	县(区)	乡(街道、镇)	通自来水村数	小学数	图书馆、文化站个数	体育场馆个数	剧场、影剧院个数
			个	所	个	个	个
舟山市	定海区	盐仓街道	5	2	1	0	0
		临城街道	30	7	3	1	1
		岑港街道	9	2	2	0	1
		马岙街道	6	1	1	0	1
		双桥街道	6	2	2	0	0
		小沙街道	10	2	2	0	0
		金塘镇	12	4	2	0	0
		白泉镇	13	2	2	0	1
		干览镇	6	1	1	0	0
	普陀区	朱家尖街道	9	2	1	0	1
		展茅街道	6	3	1	0	0
		六横镇	45	4	2	0	1
		虾峙镇	6	1	1	0	0
		桃花镇	12	1	1	0	0
		东极镇	1	0	1	0	0
		普陀山镇	4	1	1	0	1
	岱山县	高亭镇	25	5	12	2	3
		东沙镇	3	2	1	0	1
		岱东镇	5	1	1	0	0
		岱西镇	10	1	1	2	2
		长涂镇	6	1	1	0	0
		衢山镇	33	4	2	1	1
		秀山乡	3	1	1	0	0
	嵊泗县	菜园镇	11	4	10	0	1
		嵊山镇	5	1	1	1	0
		洋山镇	1	1	1	0	0
		五龙乡	4	0	2	0	0
		黄龙乡	4	1	1	0	0
		枸杞乡	7	1	1	0	0
		花鸟乡	2	0	2	0	0

续　表

市	县(区)	乡(街道、镇)	通自来水村数	小学数	图书馆、文化站个数	体育场馆个数	剧场、影剧院个数
			个	所	个	个	个
台州市	椒江区	大陈镇	6	1	1	1	1
	玉环县	玉城街道	61	8	3	1	3
		坎门街道	6	4	2	1	0
		大麦屿街道	48	5	1	0	1
		清港镇	40	2	1	0	0
		楚门镇	28	3	2	1	2
		干江镇	19	1	0	0	0
		沙门镇	23	1	1	1	1
		芦浦镇	16	1	1	1	0
		龙溪镇	20	1	1	0	0
		鸡山乡	6	1	3	0	0
		海山乡	9	1	1	0	0
	三门县	蛇蟠乡	6	1	1	0	0

表3.17　2015年浙江省海岛乡镇基础设施总量综合评价指标（续）

市	县(区、市)	乡(街道、镇)	医疗卫生机构个数	平均医疗卫生机构拥有执业(助理)医师数	市场个数	金融机构网点数	各种社会福利收养性单位数	各种社会福利收养性单位收养人数
			所	人/所	个	个	个	人
宁波市	北仑区	梅山乡	1	0	3	5	2	88
	象山县	鹤浦镇	1	0	2	6	3	222
		高塘岛乡	1	0	1	2	1	64
温州市	洞头区	北岙街道	40	0	4	12	3	272
		东屏街道	1	0	1	1	5	105
		元觉街道	2	0	1	1	0	0
		霓屿街道	4	0	1	3	0	0
		大门镇	12	0	1	3	1	11
		鹿西乡	2	0	1	1	1	2

续　表

市	县(区、市)	乡(街道、镇)	医疗卫生机构个数	平均医疗卫生机构拥有执业(助理)医师数	市场个数	金融机构网点数	各种社会福利收养性单位数	各种社会福利收养性单位收养人数
			所	人/所	个	个	个	人
舟山市	定海区	盐仓街道	1	0	2	4	1	24
		临城街道	18	0	8	22	1	134
		岑港街道	2	0	2	2	1	26
		马岙街道	1	0	1	1	1	22
		双桥街道	1	0	2	2	1	25
		小沙街道	8	0	5	4	1	38
		金塘镇	1	0	4	17	1	138
		白泉镇	14	0	4	8	2	125
		干览镇	1	0	2	3	1	22
	普陀区	朱家尖街道	12	0	3	10	4	73
		展茅街道	1	0	2	5	1	55
		六横镇	19	0	14	11	1	139
		虾峙镇	8	0	1	1	4	77
		桃花镇	7	0	2	2	1	17
		东极镇	1	0	1	1	1	11
		普陀山镇	5	0	1	9	1	6
	岱山县	高亭镇	6	0	9	55	4	218
		东沙镇	3	0	3	6	5	165
		岱东镇	1	0	1	3	1	21
		岱西镇	1	0	1	3	1	19
		长涂镇	1	0	1	3	1	22
		衢山镇	6	0	7	11	1	43
		秀山乡	6	0	2	2	2	44
	嵊泗县	菜园镇	6	0	1	14	2	65
		嵊山镇	1	0	4	2	0	0
		洋山镇	1	0	1	2	1	1
		五龙乡	1	0	2	1	2	11
		黄龙乡	2	0	3	2	1	17
		枸杞乡	1	0	1	2	1	3
		花鸟乡	2	0	1	1	1	8

续　表

市	县(区、市)	乡(街道、镇)	医疗卫生机构个数	平均医疗卫生机构拥有执业(助理)医师数	市场个数	金融机构网点数	各种社会福利收养性单位数	各种社会福利收养性单位收养人数
			所	人/所	个	个	个	人
台州市	椒江区	大陈镇	1	0	0	1	0	0
	玉环县	玉城街道	3	0	18	43	6	662
		坎门街道	1	0	5	9	3	239
		大麦屿街道	1	0	1	17	1	18
		清港镇	1	0	2	7	1	19
		楚门镇	3	0	10	16	1	55
		干江镇	1	0	1	2	1	16
		沙门镇	1	0	2	4	1	5
		芦浦镇	1	0	1	1	2	110
		龙溪镇	1	0	1	3	1	6
		鸡山乡	1	0	0	1	1	5
		海山乡	1	0	1	1	1	10
	三门县	蛇蟠乡	1	0	1	1	0	0

根据熵权法计算得到的海岛乡镇基础设施指标权重如表3.18所示。

表3.18　2015年浙江省海岛乡镇基础设施总量综合评价权重

指　标	单　位	权　重
通自来水的村个数	个	0.0903
小学学校数	所	0.0901
图书馆、文化站个数	个	0.0902
体育场馆个数	个	0.0921
剧场、影剧院个数	个	0.0913
医疗卫生机构个数	所	0.0918
平均医疗卫生机构拥有执业(助理)医师数	人/所	0.0908
市场个数	个	0.0904
金融机构网点数	个	0.0912
各种社会福利收养性单位数	个	0.0902
各种社会福利收养性单位收养人数	人	0.0910

根据熵权法计算得到的海岛乡镇基础设施总量综合得分和排序结果如表3.19所示。

表3.19 2015年浙江省海岛乡镇基础设施总量综合评价结果

市	县(区)	乡(镇、街道)	综合得分	得分排名
宁波市	象山县	鹤浦镇	35.54	6
		高塘岛乡	16.24	18
	北仑区	梅山乡	10.75	28
温州市	洞头区	北岙街道	36.35	5
		东屏街道	13.15	22
		大门镇	12.92	23
		霓屿街道	9.00	36
		鹿西乡	6.14	47
		元觉街道	3.50	51
舟山市	定海区	临城街道	36.50	4
		白泉镇	18.60	15
		金塘镇	17.30	16
		小沙街道	13.71	21
		岑港街道	11.82	25
		双桥街道	9.50	33
		盐仓街道	9.38	34
		马岙街道	8.53	38
		干览镇	6.34	46
	普陀区	六横镇	30.38	7
		朱家尖街道	20.45	14
		展茅街道	12.28	24
		虾峙镇	11.25	26
		普陀山镇	10.79	27
		桃花镇	7.53	41
		东极镇	6.58	44

市	县(区)	乡(镇、街道)	综合得分	得分排名
舟山市	岱山县	高亭镇	65.15	2
		衢山镇	27.19	9
		岱西镇	22.34	12
		东沙镇	20.46	13
		秀山乡	8.68	37
		长涂镇	7.28	42
		岱东镇	7.05	43
	嵊泗县	菜园镇	23.85	11
		黄龙乡	9.78	30
		枸杞乡	9.68	31
		洋山镇	9.67	32
		嵊山镇	9.30	35
		五龙乡	8.12	39
		花鸟乡	5.06	49
台州市	椒江区	大陈镇	10.07	29
	玉环县	玉城街道	71.75	1
		楚门镇	38.32	3
		坎门街道	27.33	8
		大麦屿街道	24.42	10
		沙门镇	16.96	17
		清港镇	14.32	19
		芦浦镇	13.79	20
		龙溪镇	7.79	40
		干江镇	6.39	45
		鸡山乡	5.62	48
		海山乡	4.94	50
	三门县	蛇蟠乡	3.08	52

由表3.19可知，玉城街道和高亭镇得分较高，分别为71.75和65.15，说明这两个海岛乡镇的基础设施建设较为完善。洞头区的元觉街道和三门县的蛇蟠乡在基础设施总量建设方面则表现欠佳，同时，这两个海岛乡镇的经济

综合发展水平也较为靠后，其基础设施建设滞后在一定程度上也制约了这两个乡镇的经济发展水平。分地区来看，各县（区）基础设施建设差距也较为悬殊，玉环县基础设施总量综合得分最高的乡镇与得分最低的乡镇的分数相差约13.5倍。

对于海岛地区而言，其距离大陆较远，大多处于一个相对独立封闭的空间，开发基础薄弱、共享性差，因此交通、水电等基础设施建设对海岛地区的经济、教育、科技等方面影响较大，同时区域间资源和物质流动也较易受到基础设施建设的制约，基础设施建设的不完善在一定程度上会限制海岛地区的经济发展。因次，各海岛乡镇应更加重视基础设施建设，完善交通、能源、水利等基础设施及教育、通信等公共设施的建设，建设一批重点项目，并结合自身经济的发展需求，全方位夯实基础设施，激发海岛经济活力，为海岛地区经济高速增长奠定坚实的基础。

第四章

海岛地区主要海洋产业

发展情况

浙江省海岛地区主要海洋产业发展情况包括四部分内容：海洋产业分布情况、海洋产业生产能力情况、海洋产业科技活动情况和涉海企业投融资情况。其中，关于海洋产业分布情况，分别从省级层面和县级层面进行比较分析；关于海洋产业生产能力情况，围绕海洋渔业、水产品加工业、海洋船舶工业等七大主要行业展开；关于海洋产业科技活动情况，对研发人员、研发经费、研发机构、研发产出及相关政策五方面进行考察；关于涉海企业投融资情况，则针对海岛地区涉海企业的资金来源和使用情况进行分析。

第一节 | 海岛地区海洋产业分布情况

根据各海岛县（区）政府工作报告和相关文件，2015年浙江省共有涉海企业28 791家，6个海岛县（区）共有涉海企业4087家，占比为14.20%。其中，洞头区涉海企业为250家，定海区涉海企业为1132家，普陀区有1136家，岱山县有383家，嵊泗县有240家，玉环县涉海企业为946家，占比分别为0.87%，3.93%，3.95%，1.33%，0.83%，3.29%。具体相关数据可见表4.1。

表4.1　2015年浙江省各海岛县（区）涉海单位的行业分布

单位：家

序　号	行业分类名称	全　省	洞头区	定海区	普陀区	岱山县	嵊泗县	玉环县
1	海洋渔业	1922	86	30	60	11	17	238
2	海洋水产品加工业	1088	25	70	237	28	16	43
3	海洋油气业	2	0	1	0	0	0	0
4	海洋矿业	113	1	6	10	10	5	5
5	海洋盐业	7	0	0	1	1	0	0
6	海洋船舶工业	1082	8	231	209	113	8	10
7	海洋工程装备制造业	3892	1	21	12	4	0	424
8	海洋化工业	155	0	6	4	0	0	1
9	海洋药物和生物制品业	209	1	7	1	1	0	3
10	海洋工程建筑业	121	0	27	11	5	2	3

续　表

序　号	行业分类名称	全　省	洞头区	定海区	普陀区	岱山县	嵊泗县	玉环县
11	海洋可再生能源利用业	41	1	3	1	4	1	0
12	海水利用业	152	5	4	9	15	3	6
13	海洋交通运输业	3374	40	274	202	54	30	25
14	海洋旅游业	9065	38	125	200	52	84	78
15	海洋科学研究	420	1	17	6	1	1	1
16	海洋教育	102	1	4	7	4	0	0
17	海洋管理	805	12	71	27	49	41	15
18	海洋技术服务业	1708	3	63	23	9	14	14
19	海洋信息服务业	2633	3	41	7	2	3	3
20	涉海金融服务业	386	2	40	8	3	2	4
21	海洋地质勘查业	22	0	1	0	0	0	0
22	海洋环境监测预报减灾服务	43	0	7	0	1	1	0
23	海洋生态环境保护	68	1	1	1	0	2	1
24	海洋社会团体与国际组织	222	6	19	19	12	10	2
25	海洋产品批发	611	7	49	53	3	0	61
26	海洋产品零售	358	0	6	26	1	0	6
27	涉海服务	190	8	8	2	0	0	3
	共　计	28 791	250	1132	1136	383	240	946

分行业来看，浙江省涉海企业以海洋旅游业为领导行业，占据浙江省涉海企业总数的31.49%，其次为海洋工程装备制造业、海洋交通运输业、海洋信息服务业和海洋渔业，这5个行业合计占比达72.54%，海洋油气业的企业数量最少。

分地区来看，洞头区共涉及20个海洋行业，涉海企业总数为250个。其中，海洋渔业为领导行业，占据涉海企业总数的34.40%，其次为海洋交通运输业、海洋旅游业和海洋水产品加工业，这4个行业合计占比达75.60%，而海洋矿业等7个行业的企业数仅为1个。

定海区的海洋行业较为全面，涵盖26个海洋行业，未涉及的行业是海洋盐业，涉海企业总数为1132个。领导行业为海洋交通运输业，占据涉海企业总数的24.20%，涉海服务业等12个行业的企业数量低于10个。普陀区涉海企业涉及24个海洋行业，涉海企业总数为1136个。其中，企业数量占比高于15%的海洋产业共有4个，分别为海洋水产品加工业、海洋船舶工业、海洋交通运输业和海洋旅游业，占比共计74.65%。另外，海水利用业等4个行业的企业数仅为1个。岱山县涉海企业涉及22个海洋行业，涉海企业总数为383个。海洋船舶工业占涉海企业总数的比重最大，约占29.50%，海洋技术服务业等5个行业的企业数仅为1个。嵊泗县仅涉及17个海洋产业，涉海企业总数为240个，领导产业为海洋旅游业，占涉海企业总数的35.00%，其次是海洋管理和海洋交通运输业，其中海洋矿业等10个海洋行业的企业数量低于10个。

玉环县涉及21个海洋产业，涉海企业总数为946个，领导产业为海洋工程装备制造业，占涉海企业总数的44.82%，其次是海洋渔业，占涉海企业总数的25.16%，海洋矿业等12个海洋行业的企业数量低于10个。

分地区来看，涉海企业的分布各有特点，涉海企业单位的行业分布有所差异。6个海岛县（区）中，除普陀区外的其他海岛县（区）的海洋旅游业涉海企业数均位居前3位；洞头区等5个海岛县（区）的海洋交通运输业涉海企业数均位居前3位；定海区等3个海岛县（区）的海洋船舶工业涉海企业数均位居前3位；洞头区和玉环县2个海岛县（区）的海洋渔业涉海企业数均位居前3位。海洋水产品加工业为普陀区特色强势海洋产业，海洋管理行业在嵊泗县的海洋产业中呈现出明显的发展劲头，海洋工程装备制造业为玉环县特色海洋产业。具体如表4.2所示。

表4.2　2015年浙江省各海岛县（区）主导海洋产业中涉海企业单位数

单位：家

洞头区	定海区	普陀区	岱山县	嵊泗县	玉环县
海洋渔业（86）	海洋交通运输业（274）	海洋水产品加工业（237）	海洋船舶工业（113）	海洋旅游业（84）	海洋工程装备制造业（424）
海洋交通运输业（40）	海洋船舶工业（231）	海洋船舶工业（209）	海洋交通运输业（54）	海洋管理（41）	海洋渔业（238）

洞头区	定海区	普陀区	岱山县	嵊泗县	玉环县
海洋旅游业（38）	海洋旅游业（125）	海洋交通运输业（202）	海洋旅游业（52）	海洋交通运输业（30）	海洋旅游业（78）

　　海洋渔业作为传统海洋产业，在海岛县（区）海洋产业发展上表现出明显的优势，此外，海洋船舶工业、海洋交通运输业等在各海岛县（区）海洋产业发展过程中排名也较为靠前，可以看出，浙江省各海岛县（区）海洋产业发展的主导产业各有特色，同时存在一定程度的同构化问题。另外，还存在一些亟待发展的弱势产业，如海洋生态环境保护业等，应当合理规划和引导行业发展，助力海岛经济高质量发展。

第二节 ｜ 海岛地区海洋产业生产能力情况

　　通过《舟山统计年鉴》《温州统计年鉴》和《台州统计年鉴》获取各海岛县（区）的海洋渔业、海洋水产品加工业、海洋船舶工业、海洋化工业、海洋药物和生物制品业、海洋工程建筑业、海洋可再生能源利用业等行业的生产能力相关数据，分析浙江省各海岛县（区）整体的海洋产业生产能力。

一、海洋渔业生产情况

　　浙江省6个海岛县（区）共有海洋渔业企业242家，其中定海区12家、普陀区24家、岱山县9家、嵊泗县12家、洞头区21家、玉环县164家。各海岛县（区）海洋渔业的具体生产情况见表4.3。

表4.3　2015年浙江省各海岛县（区）海洋渔业生产情况

地　区	企业数量（个）	海水养殖产量(吨)	海洋捕捞产量(吨)	远洋捕捞产量(吨)	海产品销售量(吨)	海产品销售金额(万元)
定海区	12	1171.00	—	62 910.60	41 520.50	36 924.00
普陀区	24	436.40	1628.20	155 657.90	52 798.60	40 602.90
岱山县	9	3613.80	—	—	1918.30	4867.70

续　表

地　区	企业数量 （个）	海水养殖 产量（吨）	海洋捕捞 产量（吨）	远洋捕捞 产量（吨）	海产品销售 量（吨）	海产品销售 金额（万元）
嵊泗县	12	34 620.00	—	—	32 572.00	17 736.00
洞头区	21	2404.00	1980.00	—	1750.00	6359.00
玉环县	164	23 034.60	13 441.40	—	33 968.50	48 071.80

注：“—”表示数据缺失。

舟山市普陀区渔业资源丰富、种类繁多，随着渔业作业调整、鱼场拓展，其海洋渔业企业数量最多，占比达到42.1%；其远洋捕捞产量最大，达到155 657.90吨，海产品销售量为52 798.60吨，海产品销售金额为40 602.90万元。定海区和嵊泗县的企业数量相同，但嵊泗县海水养殖产量达34 620.00吨，远高于定海区海水养殖产量的1171.00吨；而定海区通过积极引进大型远洋拖网等远洋渔业高端生产力，推动过洋性渔业转型升级，持续优化远洋渔业捕捞结构，远洋捕获产量达到62 910.60吨。洞头区有海洋渔业企业21家，占温州市渔业企业总数的5.67%，海水养殖产量达2404.00吨，高于海洋捕捞产量的1980.00吨。玉环县有海洋渔业企业164家，占台州市的42.49%，海水养殖产量达23 034.60吨，高于海洋捕捞产量的13 441.40吨。这是由于近年来，玉环县调整捕捞结构，减少近海捕捞而增加远洋捕捞。

二、海洋水产品加工业生产情况

浙江省6个海岛县（区）共有海洋水产品加工企业303家，其中定海区有42家，普陀区有185家，岱山县有24家，嵊泗县有10家，洞头区有8家，玉环县有34家。以上各海岛县（区）拥有海洋水产品加工企业数占各所属市数量的16.09%，70.88%，9.20%，3.83%，6.30%和15.60%。各海岛县（区）海洋水产品加工业的具体生产情况见表4.4。

表4.4　2015年浙江省各海岛县（区）海洋水产品加工业生产情况

地　区	企业数量（个）	水产品年加工产量（吨）	海产品加工产量（吨）
定海区	42	18 1551	181 551
普陀区	185	255 770.41	255 481

地　区	企业数量(个)	水产品年加工产量(吨)	海产品加工产量(吨)
岱山县	24	44 724	44 623
嵊泗县	10	22 809	16 779
洞头区	8	2915	2915
玉环县	34	62 764	62 649

从企业数量上看，舟山市普陀区企业数量远多于舟山市其他3个海岛县（区），其水产品年加工产量也最多，达到了255 770.41吨。但是从平均水产品年加工产量上看，定海区为4322.64吨，平均产量最高，其次是嵊泗县的2280.90吨，岱山县的1863.50吨，再次才是普陀区，平均产量为1382.54吨；洞头区的平均产量在6个海岛县（区）中最低，为364.38吨；玉环县的平均产量为1846.00吨。另外，定海区、普陀区、岱山县、嵊泗县、洞头区和玉环县这6个海岛县（区）中海产品年加工产量占水产品年加工产量的比重分别为100.00%，99.89%，99.77%，73.56%，100.00%和99.82%。

各海岛县（区）可通过鼓励企业兼并重组，形成分工专业、协作顺畅的良好水产品加工行业结构。加大对龙头企业的政策支持力度，依托各级企业技术研发中心等平台，提升精深加工水平，引导企业提升产品优势和品牌优势，培育一批具有核心竞争力的水产加工企业。积极对接国内外大型水产加工龙头企业，增加生产、加工等各环节的技术含量，提高产品附加值，增强产品竞争优势，拓展国内外市场。

三、海洋船舶工业企业生产情况

浙江省6个海岛县（区）共有海洋船舶工业企业数342家，其中定海区有103家，普陀区有129家，岱山县有94家，嵊泗县有6家，洞头区有3家，玉环县有7家。各海岛县（区）拥有的海洋船舶工业企业数分别占所属市数量的31.02%，38.86%，28.31%，1.81%，9.09%和8.05%。各海岛县（区）海洋船舶工业的具体生产情况见表4.5。

表4.5 2015年浙江省各海岛县（区）海洋船舶工业生产情况

地 区	企业数量	当年承接船舶订单量		手持船舶订单量		造船完工艘数	造船完工量	
	家	万总吨	万载重吨	万总吨	万载重吨	艘	万总吨	万载重吨
定海区	103	77.36	114.44	61.32	99.25	23	6.20	23.70
普陀区	129	149.34	138.40	429.06	511.35	69	155.18	227.06
岱山县	94	1055.63	828.52	55.75	0.94	60	2.50	170.76
嵊泗县	6	116.40	0	130.00	0	0	0	0
洞头区	3	15 020.00	0	5000.00	0	10	0	0
玉环县	7	0	0	0	0	0	0	0

从当年承接船舶订单量、手持船舶订单量和造船完工量三大造船指标来看，舟山市4个海岛县（区）海洋船舶工业发展情况迥然不同，岱山县和普陀区发展情况稍好一些，当年承接船舶订单量分别为1055.63万总吨和149.34万总吨，手持船舶订单量分别为55.75万总吨和429.06万总吨，造船完工艘数分别为60艘和69艘，造船完工量分别为2.50万总吨和155.18万总吨。玉环县虽然有船舶制造企业7家，但各项造船指标均为0，同其他海岛地区相比，其船舶工业发展较为薄弱。

就海洋船舶工业而言，各海岛县（区）的发展都稍显不足。各海岛县（区）要发展船舶工业，应鼓励企业推进造船工艺技术升级和产品更新，积极开发符合国际造船标准及节能环保的高端船型，促进船舶制造向高端化、智能化方向转变，以推动造船企业工艺升级和生产体系改造，从而提高船舶制造质量和船舶企业效益。大力发展船舶配套产业，提升船舶工业集群化发展水平，突破高端核心船舶配套技术难关，搭建船舶维修企业和船舶配套企业交流平台，形成完整的产业链条，推进船舶工业整体发展升级。

四、海洋化工企业生产情况

浙江省6个海岛县（区）仅定海区和玉环县有海洋化工企业，其平均生产量依次为594 973.00吨、35吨，其平均销售量依次为591 074.67吨、35吨，其平均销售金额依次为195 205.67万元、7万元。

海洋化工业作为一个新兴海洋产业，其发展意义重大，但各海岛县（区）对这一产业的重视程度存在显著差异。面对陆地资源枯竭及环境污染等问题，如何开发利用潜力巨大的海洋资源，成了一个重大问题。海洋蕴藏着丰富的化学资源，海洋化工业是具有潜力的资源性产业，各海岛县（区）应重视海洋化工业，提高生产规模和产量，以推动县域海洋化工产业发展。

五、海洋药物和生物制品生产情况

目前，国际上近10种海洋药物的市场年销售金额达到600亿美元以上，且具有巨大的升值空间，这表明海洋药物和生物制品业是极具发展潜力的新兴产业。浙江省十分重视海洋药物和生物制品业的发展，不仅推出相关指导文件，还构建了"浙江省海洋生物制品产业技术创新战略联盟"这一战略平台。定海区、普陀区、岱山县海洋药物和生物制品的产品种类分别有6种、2种和1种，洞头区有1种，玉环县有3种。各海岛县（区）的海洋药物和生物制品的具体数据如表4.6。

表4.6　2015年浙江省各海岛县（区）海洋药物和生物制品生产情况

地　区	产品种类(种)	销售金额(万元)	出口额(万元)
定海区	6	5675	0
普陀区	2	3200	250
岱山县	1	430	0
嵊泗县	—	—	—
洞头区	1	1095	0
玉环县	3	25 913	14 822

注："—"表示数据缺失。

就海洋药物和生物制品产品而言，定海区种类最多，共6种，但销售金额不高。玉环县种类虽然只有定海区的一半，但销售金额达到了25 913万元，约是定海区销售金额的4.6倍。除嵊泗县数据缺失外，其他三县（区）的发展情况相差不大，普陀区、岱山县和洞头区的销售金额分别为3200万元、430万元和1095万元。此外，除普陀区和玉环县海洋药物出口额分别为250万元和14 822万元以外，其他3个海岛县（区）的出口额均为零，表明浙江省海岛县（区）的海洋药物国外市场还未完全打开。各海岛县（区）可在海洋水产品加工产业的基础上，大力发展海洋生物医药产业，提高技术研发能力和新产品开发能力，扩大海洋药物和生物制品产业规模及生物技术应用范围，加快培育发展海洋保健品、海洋药品等生物制品生产技术。

六、海洋工程建筑企业生产经营情况

浙江省共有海洋工程建筑企业43家，而6个海岛县（区）共有海洋工程建筑企业22家，占比为51.16%。其中，定海区有海洋工程建筑企业12家，普陀区共计5家，岱山县有2家，嵊泗县共计1家，玉环县有2家，占浙江省的比重分别为27.91%，11.63%，4.65%，2.33%和4.65%。相关数据可见表4.7。

表4.7　2015年浙江省各海岛县（区）海洋工程建筑企业生产经营情况

地　区	企业数量(个)	海洋工程产值(万元)	海洋工程竣工产值(万元)
定海区	12	10 063	8675
普陀区	5	23 502	16 137
岱山县	2	10 530	8320
嵊泗县	1	950	950
洞头区	—	—	—
玉环县	2	1899	1816

注："—"表示数据缺失。

七、海洋可再生能源利用企业生产情况

浙江省共有海洋可再生能源利用企业25家，舟山有5家，占比为20%。其中，定海区海洋可再生能源利用企业有2家，岱山县有2家，嵊泗县1家。相关数据可见表4.8。

表4.8　2015年浙江省各海岛县（区）海洋可再生能源利用企业生产情况

地　区	企业数量(个)	发电量(千瓦时)	上网电量(千瓦时)	国家补贴金额(万元)
定海区	2	114 516 130	111 205 460	684
普陀区	—	—	—	—
岱山县	2	87 726 660	87 726 660	20

地　区	企业数量 （个）	发电量 （千瓦时）	上网电量 （千瓦时）	国家补贴金额 （万元）
嵊泗县	1	26 658 335	26 157 890	—
洞头区	—	—	—	—
玉环县	—	—	—	—

注："—"表示数据缺失。

海洋可再生能源是一种绿色能源，包括潮汐能、潮流能、波浪能等，蕴藏量大，具有良好的开发前景。各海岛县（区）需要加大海洋技术研发投入强度，集中研发力量，提升海洋能技术研发水平，积极推动海洋能开发，提升海洋可再生能源利用业产业化水平。同时，政府应加大政策扶持力度，给予相应经济激励，降低海洋可再生能源利用企业的研发风险，鼓励海洋可再生能源开发企业加大设备投资和创新投资。

第三节 │ 海岛地区海洋产业科技活动情况

通过《舟山统计年鉴》《温州统计年鉴》和《台州统计年鉴》获取浙江省海岛县（区）的海洋产业科技活动相关数据，海岛地区海洋产业科技活动情况具体可从研发人员情况、研发经费情况、研发机构情况、研发产出情况及相关政策扶持情况5个方面来反映。

一、研发人员情况

2015年，浙江省涉海企业研发人员有14 644人，女性有2917人，全职研究人员有10 828人。其中本科毕业及以上研发人员有6925人，占研发人员总数的47.29%。各海岛县（区）的具体情况见表4.9。

表4.9 2015年浙江省海岛县（区）研发人员情况

单位：人

研发人员情况	洞头区	定海区	普陀区	岱山县	嵊泗县	玉环县
研发人员合计	307	1740	1255	60	22	770
女性研发人员	84	94	227	14	4	242
全职研发人员	176	1451	1220	47	21	634
本科毕业及以上研发人员	69	350	703	29	10	254

洞头区的研发人员共计307人，其中女性研发人员的比例为27.36%，全职人员所占比重为57.33%，本科毕业及以上研发人员占比为22.48%。

定海区的涉海企业研发人员储备量最多，为1740人，其中约83.39%是全职人员，女性研发人员占比较低，仅为5.40%，相较其他海岛县（区），本科毕业及以上研发人员比重最低，仅占20.11%。普陀区的研发人员共计1255人，其中全职人员与本科毕业及以上研发人员所占比例最高，分别为97.21%和56.02%，可见其人力资源较为稳定且人才整体素质相对较好。岱山县研发人员规模较小，共计60人，其中全职人员占比不到八成，为78.33%，女性研发人员占比为23.33%，本科毕业及以上研发人员占比为48.33%。嵊泗县由于整体涉海企业发展较为落后，研发人员仅有22人，其中全职人员占比超过九成，达到95.45%，女性研发人员占比为18.18%，本科毕业及以上研发人员占比为45.45%。

玉环县研发人员共计770人，全职人员约占82.34%，相较于其他海岛县（区），玉环县的女性研究人员比例最高，为31.43%，本科毕业及以上研发人员占比为32.99%。

总体来看，在研发人员总数方面，舟山市4个海岛县（区）差距较大，定海区和普陀区的研发人员较多，其中定海区的涉海企业研发人员的人才储备也是6个海岛县（区）中最多的。全职研发人员方面的情况与研发人员总数方面的情况类似，定海区、普陀区和玉环县的全职研发人员数位列前三。相比之下，玉环县和洞头区的女性研发人员占比较高，分别达到了31.43%和27.36%。从学历层次上看，普陀区本科毕业及以上研发人员占比最高，达到了56.02%。

二、研发经费情况

2015年，浙江省涉海企业研发经费支出合计84.33亿元，其中来自政府部门的研发资金达1.11亿元。在经费配置方面，用于企业内部日常研发经费支出的约占42.28%，用于当年形成研发固定资产支出的约占28.19%，用于委托外单位开展研发的约占28.80%。各海岛县（区）研发经费规模、来源及支出结构的具体情况见表4.10。

表4.10 2015年浙江省海岛县（区）研发经费情况

单位：千元

经费结构	洞头区	定海区	普陀区	岱山县	嵊泗县	玉环县
研发经费支出合计	3202	113 616	543 620	24 581	11 950	115 888
使用来自政府部门的研发资金	550	—	31 044	2090	160	280
企业内部的日常研发经费支出	1226	84 126	450 683	19 878	1240	110 980
当年形成用于研发的固定资产支出	1951	14 892	37 757	2985	8660	4908
委托外单位开展研发的经费支出	25	14 598	55 180	1718	2050	—

注："—"表示数据缺失。

洞头区涉海企业研发经费支出合计0.03亿元。相较于其他海岛地区，洞头区政府部门的资金支持力度最大。在经费支出结构方面，用于企业内部的日常研发经费支出的资金约占38.29%，用于当年形成用于研发的固定资产支出的资金约占60.93%，用于委托外单位开展研发的经费支出的资金仅占0.78%。

定海区研发经费支出达1.14亿元，全部来源于政府部门以外的其他渠道。在经费支出结构方面，用于企业内部的日常研发经费支出的资金约占74.04%，当年形成用于研发的固定资产的支出约占13.11%，用于委托外单位开展研发的经费支出的资金约占12.85%。

相较于其他5个海岛县（区），普陀区研发经费支出最高，达5.44亿元，其中5.71%的资金来源于政府部门。在经费支出结构方面，用于企业内部的日常研发经费支出的资金比占高达82.90%，当年形成用于研发的固定资产支出的资金约占6.95%，用于委托外单位开展研发的经费支出的资金约占10.15%。

岱山县研发经费支出为0.25亿元，来源于政府部门支持的资金比例约占8.50%。在经费支出结构方面，用于企业内部的日常研发经费支出的资金约占80.87%，当年形成用于研发的固定资产支出的资金约占12.14%，用于委托外单位开展研发的经费支出的资金约占6.99%。

嵊泗县研发经费支出为0.12亿元，资金来源于政府部门支持的比例约占1.34%。在经费支出结构方面，相较于其他海岛县（区），嵊泗县用于企业内部的日常研发经费支出的资金占比最低，占10.38%；当年形成用于研发的固定资产支出的资金比重最大，约占72.47%；用于委托外单位开展研发的经费支出的资金比例最高，约占17.15%。

玉环县研发经费支出共计1.16亿元，仅有0.24%的研发经费来源于政府部门。在经费支出结构方面，相较于其他海岛县（区），玉环县用于企业内部的日常研发经费支出的资金占比最高，占95.76%；当年形成用于研发的固定资产支出的资金比重最小，为4.24%；没有用于委托外单位开展研发的经费支出。

总的来看，在资金来源方面，洞头区政府部门的支持比例最大。在经费支出分配方面，玉环县、岱山县、普陀区和定海区更侧重企业内部的日常研发经费支出，以进行科研创新活动；而嵊泗县、洞头区的企业发展较为落后，研发资金更多用于购买研发设备等固定资产，作为企业科研发展的设备投入。

三、研发机构情况

2015年，浙江省涉海企业创办的研发机构有717个，机构研究人员共计6425人，经费支出约12.45亿元，期末仪器和设备原价达8.14亿元。各海岛县（区）研发机构数、人员、经费支出、设备的具体情况见表4.11。

表4.11　2015年浙江省海岛县（区）涉海企业办（境内）研发机构情况

指　　标	洞头区	定海区	普陀区	岱山县	嵊泗县	玉环县
期末机构数（个）	12	13	24	4	4	15
机构研究人员合计（人）	21	361	706	46	52	517
机构经费支出（千元）	128	45 753	337 562	13 855	440	76 842
期末仪器和设备原价（千元）	2560	39 021	121 139	5934	9550	49 080

　　各海岛县（区）涉海企业办（境内）研发机构数量和质量情况各异。洞头区涉海企业创办研发机构合计12个，机构研究人员共计21人，经费支出为12.80万元，期末仪器和设备原价达256万元。

　　定海区涉海企业创办研发机构合计13个，机构研究人员共计361人，经费支出为4575.3万元，期末仪器和设备原价达3902.1万元。普陀区研究机构最多，共计24个，机构研究人员合计706人，经费支出达33 756.2万元，期末仪器和设备原价为12 113.9万元，其人员、经费及仪器设备方面在浙江省各海岛县（区）中最为充足。岱山县创办的研发机构共计4个，机构研究人员共计46人，机构经费支出约1385.5万元，期末仪器和设备原价达593.4万元。嵊泗县创办的研发机构共计4个，机构研究人员共计52人，机构经费支出为44.0万元，期末仪器和设备原价达955.0万元。

　　玉环县机构数、研究人员数、经费及仪器和设备原价各方面仅次于普陀县，分别为15个、517人、7684.2万元和4908.0万元，相对较为充足。

四、研发产出情况

　　浙江省涉海单位申请专利共1422项，其中发明专利为376项，占申请专利数的26.44%；形成国家或行业标准的有188项。此外，研发的新产品产值为290.55亿元，新产品销售收入为237.89亿元。从海岛县（区）整体上看，由于各地区的研发投入强度等存在差异，各地的研发产出和科技成果转化情况各有不同。具体数据见表4.12。

表4.12　2015年浙江省海岛县（区）涉海企业研发产出及相关情况

指　标	洞头区	定海区	普陀区	岱山县	嵊泗县	玉环县
当年专利申请受理数（项）	7	28	28	12	7	10
发明专利申请受理数（项）	7	13	3	2	7	1
期末有效发明专利数（项）	11	20	22	7	26	2
境外授权有效发明专利数（项）	0	0	0	0	0	2
已被实施有效发明专利数（项）	0	14	2	5	26	2
专利所有权转让及许可数（项）	0	1	2	1	0	0
专利所有权转让及许可收入（千元）	—	—	—	50	—	—
形成国家或行业标准（项）	0	1	0	3	2	0
期末拥有注册商标（件）	6	2	8	4	1	21
新产品产值（万元）	5440	471 312	519 464	130 323	—	128 679
新产品销售收入（万元）	5440	351 731	511 298	203 027	—	122 197

注："—"表示数据缺失。

　　在专利申请方面，2015年洞头区专利申请受理7项，均为发明专利申请；期末有效发明专利数11项，均为境内授权，且均未被实施。舟山市定海区和普陀区2015年的研发产出最高，专利申请受理数均为28项，其中：发明专利申请受理数方面，定海区有13项，普陀区有3项；有效发明专利数分别为20项和22项，均是境内授权；已被实施的有效发明专利方面，定海区有14项，普陀区有2项。岱山县的专利申请受理数为12项，其中发明专利方面的为2项，期末有效发明专利数为7项，均为境内授权，其中有5项已被实施。嵊泗县的专利申请受理数为7项，全部为发明专利，期末有效发明专利数均为境内授权，且均得以实施，已被实施有效发明专利数为26件，居各海岛县（区）首位。玉环县的专利申请受理数共计10项，其中有1项为发明专利方面的，期末有效发明专利数为2项，均为境内授权，并均得以实施。

　　在专利所有权转让方面，涉及专利所有权转让的海岛县（区）仅有定海区、普陀区和岱山县三地。其中，定海区和普陀区转让专利所有权许可数分别为1项和2项，岱山县转让了1件专利所有权并获得5万元的收入。

　　在形成国家或行业标准及商标注册方面，定海区有1项形成国家或者行业标准，岱山县有3项，嵊泗县有2项，洞头区、普陀区和玉环县未形成国家或行业标准。2015年，拥有注册商标最多的地区是玉环县，共计21件；其次是普陀区、洞头区、岱山县和定海区，分别为8件、6件、4件、2件；嵊泗县的注册商标数量最少，仅有1件。

在新产品方面，从表4.12所示的研发新产品的产值和销售收入情况，来分析各海岛县（区）的科技成果转化能力。普陀区科技成果转化能力最强，新产品产值和销售收入分别为51.95亿元和51.13亿元，定海区、岱山县和玉环县分别位列第二、三、四位，洞头区的成果转化能力相对较弱，而嵊泗县未涉及该项，科技成果转化能力较弱。

五、相关政策扶持情况

在相关政策扶持方面，政府积极落实高新技术企业税收减免政策，浙江省海岛地区2015年高新技术企业减免税收共计2.00亿元。各海岛县（区）的政策扶持情况如表4.13所示。

表4.13 2015年浙江省海岛县（区）高新技术企业减免税情况

单位：万元

指　　标	洞头区	定海区	普陀区	岱山县	嵊泗县	玉环县
高新技术企业减免税	0	58	1019	198	0	206

对比各海岛县（区）的政策落实情况，普陀区高新技术企业减免税收共计1019万元；其次是玉环县、岱山县和定海区，其高新技术企业减免税收依次共计为206万元、198万元和58万元，而洞头区和嵊泗县的高新技术企业减免税均为零。相较而言，普陀区高新技术企业优惠政策落实力度最大，主要原因是当前普陀区的高技术产业已形成一定规模。

第四节 | 涉海企业投融资情况

通过《舟山统计年鉴》《温州统计年鉴》和《台州统计年鉴》获取海岛县（区）涉海企业和主要海洋产业投融资情况，主要包括海岛县（区）的资金来源和资金支配情况两个方面。

一、资金来源

2015年,各海岛县(区)涉海企业贷款金额和银行支持贷款最高的是普陀区,最低的海岛县(区)为洞头区。依靠银行提供贷款的比重最高的地区为玉环县,约98.74%的资金由银行提供;比重最低的是普陀区,占88.72%,其余海岛县(区)银行均提供90%以上的贷款资金,表明各海岛县(区)涉海企业的贷款资金主要来源于银行的支持。具体数据情况见表4.14。

表4.14　2015年浙江省海岛县(区)贷款资金及来源情况

单位:万元

市	县(区)	国内贷款	银行贷款
温州市	洞头区	41 629.82	37 734.82
舟山市	定海区	1 966 904.90	1 910 649.90
	普陀区	2 353 573.15	2 088 160.69
	岱山县	970 108.10	954 436.10
	嵊泗县	63 659.50	61 955.50
台州市	玉环县	205 537.00	202 942.00
共　计		5 601 412.47	5 255 879.01

对于具体的海洋产业而言,各海岛县(区)的融资金额和来源不尽相同。洞头区海洋交通运输业的贷款总额和来自银行的贷款金额最高,分别为1.76亿元和1.69亿元。定海区涉海金融服务业的贷款金额最高,贷款金额全部来自银行贷款,共计72.67亿元。普陀区海洋船舶工业的贷款总额和来自银行的贷款金额最高,分别为73.81亿元和73.60亿元。岱山县和普陀区在贷款方面相同,均是海洋船舶工业的贷款金额最高,贷款金额全部来自银行。嵊泗县和洞头区在贷款方面相同,均是海洋交通运输业的贷款金额最高,贷款金额分别为6.20亿元和3.77亿元。玉环县海洋产业涉海企业的总贷款金额为20.55亿元,98.74%的资金来源于银行贷款,海洋工程装备制造业作为该县的主要海洋产业,在贷款及支出各方面均高于其他行业。

二、支出结构

2015年，洞头区涉海企业资金支出主要是购建固定资产、无形资产和其他长期资产，支出金额为3.24亿元，其次是劳动报酬支出1.22亿元，投资支付的现金和利息支出共计0.60亿元，购买人身险支出金额最小。具体数据情况见表4.15。

表4.15 2015年浙江省海岛县（区）资金支出情况

单位：亿元

市	县（区）	利息支出	购建固定资产、无形资产和其他长期资产支付的现金	投资支付的现金	购买财产险总额	购买人身险总额	从业人员工资总额
温州市	洞头区	0.23	3.24	0.37	0.21	0.14	1.22
舟山市	定海区	26.94	29.10	1.88	4.96	14.29	55.88
	普陀区	61.88	59.63	66.94	3.27	2.32	21.30
	岱山县	5.23	85.76	8.51	1.06	5.50	10.70
	嵊泗县	0.40	3.22	0.04	0.08	0.19	1.78
台州市	玉环县	0.66	0.37	0.02	0.02	1.05	12.58
共 计		95.34	181.32	77.75	78.75	79.75	80.75

舟山市定海区资金支出主要在劳动报酬方面，高达55.88亿元，支出金额最少的部分是投资支付的现金。相较其他海岛地区，定海区购买人身险的总额最高，其利息、购建资产、现金投资、购买财产险、购买人身险、劳动报酬六部分的支出比例分别为20.25%、2.43%、1.41%、3.73%、10.74%、42.00%。普陀区约有31.08%的资金用于投资，购买人身险的支出比重最低。岱山县的资金主要用于购建固定资产、无形资产和其他长期资产，支出总额为85.76亿元，约占该地区支出合计的73.45%。嵊泗县的资金也主要用于购建固定资产、无形资产和其他长期资产，约占支出合计的56.47%，其次是劳动报酬支出，投资所占比重相对较小。玉环县的资金主要用于支付从业人员工资，约占支出总额的85.62%，投资约占的比重为0.15%，可见其投资意愿较为保守，投资能力有待提高。

每个海岛县（区）的资金支配方式不同，资金支出结构也有较大差异，基本上可以分为两类：一类是即得即消，另一类是选择固定增值。在6个海岛县（区）中，普陀区投资意识相对较强，岱山县大部分资金都用来购建固定资产、无形资产和其他长期资产，玉环县则呈现即得即消的特征，大部分的资金都用于支付劳动报酬和货币流通。

第五章
海岛经济综合发展
评价与分析

本章利用统计模型对浙江省海岛地区的经济发展状况进行分析评估，包括3个主题：海岛经济综合发展水平评价、海岛经济投入产出效率测算与分析和海岛县（区）产业结构变动及其经济贡献分析，分别对海岛经济的发展水平、发展质量和动力来源进行评价与分析。

第一节 │ 海岛经济综合发展水平评价

为客观了解浙江省海岛地区的经济综合发展水平，本部分通过构建海岛经济综合发展评价指标体系，分别测度海岛县（区）和海岛乡镇的综合实力，对比分析各海岛地区经济发展的优劣势，并开展纵横向对比，以提出对策与建议。

一、分析模型与方法

为全面反映海岛县（区）和海岛乡镇的经济综合发展水平，本部分遵循全面性、唯一性和可取性的原则，构建包含经济总量、经济结构、经济推动和经济质量等4个方面的海岛县（区）经济发展水平指标体系，并通过熵权法赋权，分别计算得到6个海岛县（区）经济发展水平子系统得分及综合得分，并给出排序结果。由于海岛乡镇可收集到的数据较少，将其指标体系进行简化，涉及经济总量、经济结构和经济增速3个方面。其中，海岛乡镇的产业结构数据难以获取，因此将海岛乡镇各产业从业人员数占乡镇总人口数的比例作为依据，估算海岛乡镇的产业结构状况，以此反映海岛乡镇的经济结构状况。

二、海岛县（区）经济综合发展水平实证测算与分析

考虑到数据的可获得性，经济总量方面包括地区生产总值、财政总收入、就业率和固定资产投资总额4个指标，经济结构方面包括工农业产值占比、社会消费品零售总额、第二产业比重和第三产业比重4个指标，经济推动方面包括固定资产投资密度、地区生产总值增速和进出口总额3个指标，

经济质量方面包括人均地区生产总值、外贸依存度、研发经费支出和专利申请授权量4个指标，指标数值如表5.1所示。

表5.1　2015年浙江省海岛县（区）综合发展水平指标体系

指　标		舟山市				温州市	台州市
		定海区	普陀区	岱山县	嵊泗县	洞头区	玉环县
经济总量	地区生产总值(万元)	3 914 592	3 100 722	1 558 211	845 587	731 531	4 365 850
	财政总收入(万元)	484 400	362 500	192 200	80 300	95 700	723 000
	就业率(%)	25.05	15.66	12.49	16.13	5.90	96.63
	固定资产投资总额(万元)	6 218 692	2 927 337	1 456 600	744 924	1 426 035	1 635 487
经济结构	工农业产值占比(%)	23.91	52.01	71.79	48.16	9.55	34.19
	社会消费品零售总额(万元)	1 697 831	1 532 172	631 600	291 600	222 600	1 541 400
	第二产业比重(%)	46.41	34.68	51.41	15.37	39.64	55.15
	第三产业比重(%)	50.91	52.74	33.23	57.92	52.98	38.12
经济推动	固定资产投资密度(万元/平方公里)	10 871.84	6349.97	4495.68	7679.63	8242.98	4326.69
	地区生产总值增速(%)	9.29	9.10	9.22	9.11	8.60	5.00
	进出口总额(万美元)	426 410	547 573	129 208	59 262	15 926	351 352
经济质量	人均地区生产总值(万元)	11.61	10.92	11.03	11.06	4.75	10.15
	外贸依存度(%)	10.78	10.29	9.31	9.32	13.08	16.54
	研发经费支出(万元)	11 361.62	54 362.00	2458.06	1195.00	320.20	11 588.80
	专利申请授权量(项)	2155	364	204	133	121	2157

通过熵权法计算得到海岛县（区）经济综合发展水平指标体系各指标的权重，如表5.2所示。

表5.2　2015年浙江省海岛县（区）综合发展指标体系权重表

一级指标	二级指标	单　位	权　重
经济总量	地区生产总值	万元	0.067
	财政总收入	万元	0.073
	就业率	%	0.102
	固定资产投资总额	万元	0.077

一级指标	二级指标	单　位	权　重
经济结构	工农业产值占比	%	0.041
	社会消费品零售总额	万元	0.062
	第二产业比重	%	0.031
	第三产业比重	%	0.039
经济推动	固定资产投资密度	万元/平方公里	0.064
	地区生产总值增速	%	0.026
	进出口总额	万美元	0.060
经济质量	人均地区生产总值	万元	0.026
	外贸依存度	%	0.095
	研发经费支出合计	亿元	0.119
	专利申请授权量	项	0.118

　　通过熵权法计算得到海岛县（区）经济综合发展水平综合得分，得分情况及排序结果如表5.3所示。

表5.3　2015年浙江省海岛县（区）经济综合发展水平得分

城　　市	县（区）	综合得分	排序结果
舟山市	定海区	65.07	2
	普陀区	52.02	3
	岱山县	20.51	4
	嵊泗县	17.08	6
温州市	洞头区	17.10	5
台州市	玉环县	66.08	1

　　由表5.3可知，舟山市4个海岛县（区）的综合发展水平相差较大，浙江省海岛地区6个海岛县（区）经济综合发展差距也较为悬殊，大致可分为两个层次。台州市的玉环县和舟山市的定海区、普陀区三者得分相近，分别为66.08，65.07和52.02，综合发展水平得分位列前三。相比之下，虽然舟山市的岱山县和嵊泗县及温州市的洞头区之间的发展水平相差不大，得分分别为20.51，17.08和17.10，但与其他3个海岛县（区）的差距较为悬殊，发展水

平有待进一步提升。由于海岛县（区）地理位置、发展规划等不尽相同，其发展水平也存在一定程度的差距，也说明各海岛县（区）的发展模式尚待完善。

接下来，从经济总量、经济结构、经济推动和经济质量4个方面分别分析海岛县（区）经济发展水平，具体情况见图5.1。

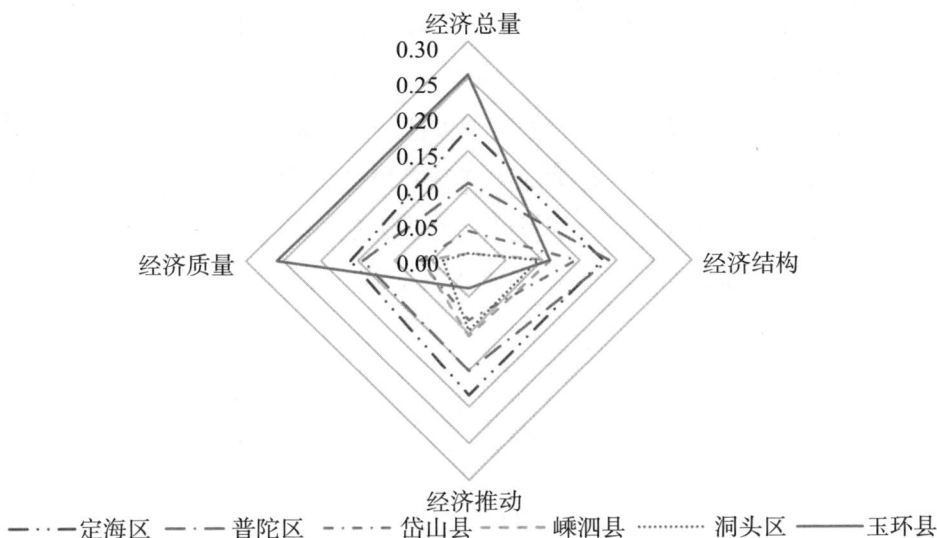

图5.1　2015年浙江省海岛县（区）经济发展水平

根据6个海岛县（区）的经济发展水平综合得分，可将6个海岛县（区）分为两类：定海区、普陀区、玉环县为第一层次，嵊泗县、岱山县、洞头区为第二层次。玉环县综合得分位居第一，但是在经济结构和经济推动方面有所欠缺，定海区和普陀区在4个方面的表现较为均衡，发展相差不大，其综合得分分别位居第二、第三。岱山县、嵊泗县和洞头区综合得分较低，在经济总量、经济质量、经济结构和经济推动4个方面表现欠佳，综合来看，经济结构方面表现稍好一些。比较岱山县、嵊泗县、洞头区和玉环县可知，前3个海岛县（区）的经济发展水平综合得分低的原因主要在于其经济总量和经济质量方面的得分与玉环县相差较大。因此，要提高岱山县、嵊泗县和洞头区三地的经济综合实力水平，可从经济总量和经济质量两方面入手，既要扩大经济总量，又要提升经济质量。综合言之，各海岛县（区）可从经济总量、经济结构、经济推动和经济质量4个方面出发，并结合县域实际发展情况及自身区位条件和资源禀赋协调发展海洋经济，兼顾生态环境保护和产业结构优化，扩大经济总量，提升经济质量，进一步提高海岛经济综合发展水平。

下文分析了6个海岛县（区）在经济总量、经济结构、经济推动和经济质量4个方面的具体表现，具体情况见图5.2至图5.5。

（一）经济总量

经济总量方面包括地区生产总值、财政总收入、固定资产投资总额和就业率4项指标。玉环县在地区生产总值、财政总收入和就业率三方面均位列第一，而在固定资产投资总额方面表现欠佳。其次是定海区，该区在固定资产投资总额方面存在优势，在地区生产总值和财政总收入两方面的表现也较为不错。普陀区的地区生产总值得分相比其他方面较好，在得分率方面则处于劣势。岱山县与嵊泗县、洞头区两地相比，表现稍好一些。

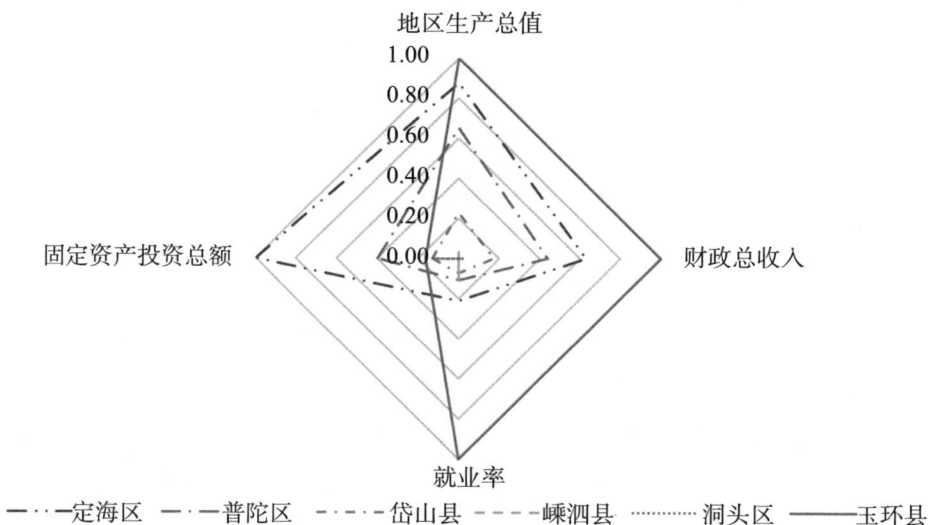

图5.2　2015年浙江省海岛县（区）经济总量得分

（二）经济结构

经济结构方面包括工农业产值占比、第二产业比重、第三产业比重和社会消费品零售总额4项指标。玉环县在第二产业比重和社会消费品零售总额两方面存在优势，相比之下，定海区和普陀区发展较为均衡，但定海区在工农业产值占比方面表现稍稍欠佳，普陀区在第二产业比重方面表现稍有欠缺。岱山县、嵊泗县和洞头区在经济结构的4个方面各有优势，岱山县在工农业产值占比和第二产业比重方面优势明显，嵊泗县在工农业产值占比和第三产业比重方面表现尤好，洞头区在第二、三产业比重两方面具有明显优势。

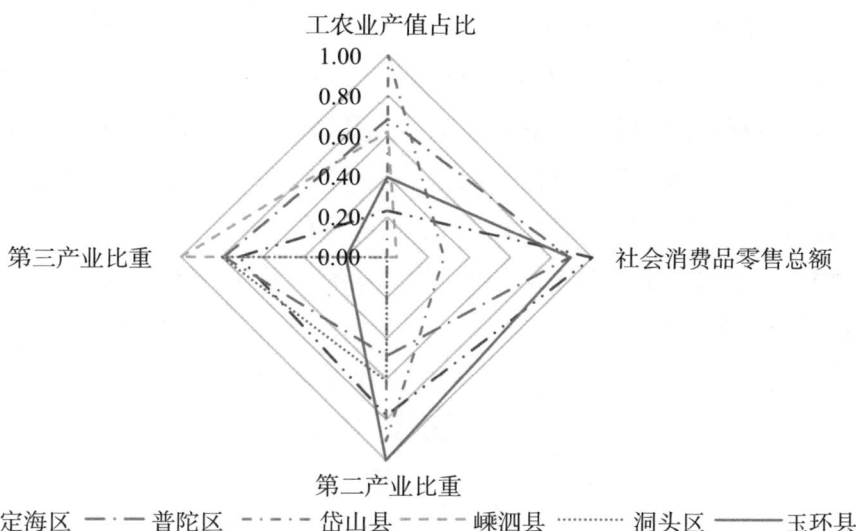

图5.3　2015年浙江省海岛县（区）经济结构得分

（三）经济推动

经济推动方面包括固定资产投资密度、进出口总额和地区生产总值增速3项指标。定海区在经济推动的三方面表现较均衡，其固定资产投资密度和地区生产总值增速两项指标的得分更是位居第一。普陀区则在进出口总额和地区生产总值增速两方面存在显著优势。嵊泗县和洞头区在经济推动的3项指标上均表现相近，地区生产总值增速的得分较高，其次是固定资产投资密度。

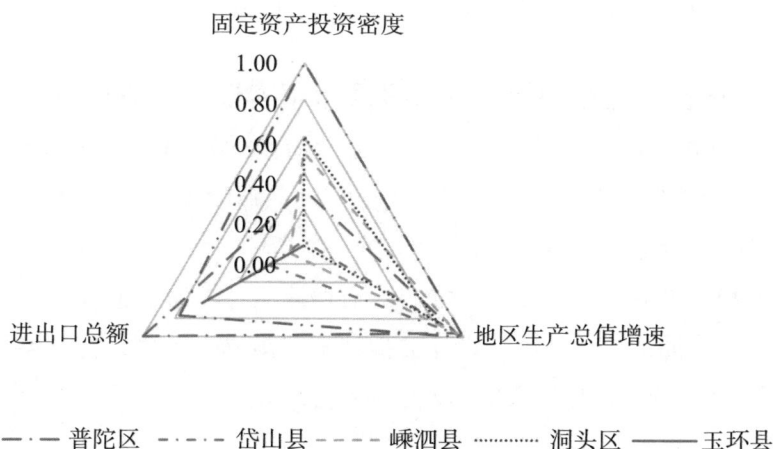

图5.4　2015年浙江省海岛县（区）经济推动得分

（四）经济质量

经济质量方面包括人均地区生产总值、外贸依存度、专利申请授权量和研发经费支出合计4项指标。玉环县在人均地区生产总值、外贸依存度、专利申请授权量3项指标上得分较高，定海区在人均地区生产总值和专利申请授权量两项指标上得分较高，普陀区则在人均地区生产总值和研发经费支出合计两方面存在一定优势。嵊泗县、岱山县和洞头区三地均只在一个方面表现稍好：岱山县和嵊泗县人均地区生产总值指标得分较高，洞头区外贸依存度指标得分较高。

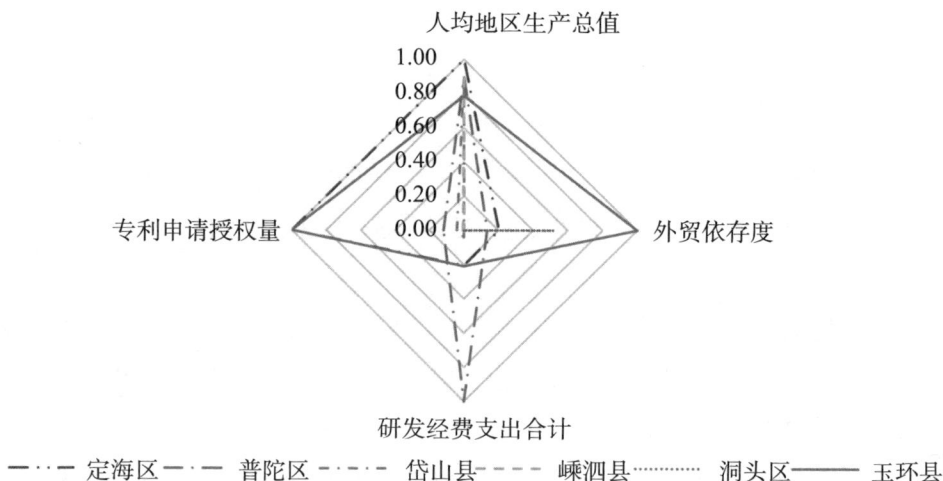

图5.5　2015年浙江省海岛县（区）经济质量得分

三、海岛乡镇经济综合发展水平实证测算与分析

在测算海岛乡镇工农业产值经济综合发展水平时，考虑到数据的可获得性，经济总量方面包括工农业产值、公共财政收入2个指标，经济结构方面包括第二产业占比和第三产业占比2个指标，经济增速只有工业企业总产值增速1个指标，其中工业企业总产值增速＝（本期工业总产值－上期工业总产值）/上期工业总产值。剔除数据缺失的海岛乡镇后，得到49个数据完整的海岛乡镇样本，指标数据如表5.4所示。

表5.4 2015年浙江省海岛乡镇经济综合发展水平指标体系

市	县(区)	乡 镇	经济总量		经济结构		经济增速
			工农业产值(万元)	公共财政收入(万元)	第二产业占比(%)	第三产业占比(%)	工业企业总产值增速(%)
宁波市	北仑区	梅山乡	20 000	12 016	31.62	29.91	−9.09
	象山县	鹤浦镇	211 320	4499	27.42	25.78	2.58
		高塘岛乡	39 000	8643	10.02	16.53	8.33
温州市	洞头区	北岙街道	99 668	11 231	31.99	55.33	3.42
		东屏街道	34 160	2573	34.23	42.55	−52.02
		元觉街道	22 902	1324	16.86	72.15	78.74
		大门镇	284 711	4224	24.05	47.10	−12.31
		鹿西乡	5088	1194	11.45	52.50	30.80
舟山市	定海区	盐仓街道	306 417	5861	48.50	41.59	3.21
		临城街道	771 794	194 021	56.89	35.50	23.78
		岑港街道	1 416 100	5869	40.95	32.96	1.03
		马岙街道	2 002 940	84 600	68.81	20.68	7.65
		双桥街道	552 000	16 031	47.41	30.42	−26.52
		小沙街道	1 775 345	13 340	47.61	22.79	25.55
		金塘镇	501 175	39 826	58.10	32.52	8.21
		白泉镇	430 916	35 646	46.91	35.25	2.52
		干览镇	325 459	3052	46.45	34.40	8.00
	普陀区	朱家尖街道	295 033	20 182	14.18	58.24	8.07
		展茅街道	412 030	8437	67.39	19.93	16.58
		六横镇	2 245 074	61 399	33.14	40.79	17.04
		虾峙镇	190 488	9787	12.58	40.33	16.19
		桃花镇	28 246	4077	13.57	31.43	9.56
		东极镇	1300	2447	3.67	37.35	8.33
	岱山县	高亭镇	630 262	16 297	45.55	38.67	18.77
		东沙镇	481 025	13 960	66.53	26.04	14.45
		岱东镇	71 918	2701	45.60	28.09	6.50
		岱西镇	390 209	3658	31.35	49.44	5.59
		长涂镇	1 571 351	9212	43.83	34.83	11.79
		衢山镇	259 118	13 700	23.41	22.62	19.88
		秀山乡	927 675	4642	66.71	23.10	6.34

续　表

| 市 | 县(区) | 乡　镇 | 经济总量 | | 经济结构 | | 经济增速 |
			工农业产值(万元)	公共财政收入(万元)	第二产业占比(%)	第三产业占比(%)	工业企业总产值增速(%)
舟山市	嵊泗县	菜园镇	76 943	6335	10.81	77.14	6.13
		嵊山镇	20 524	6641	12.98	39.46	−2.94
		洋山镇	27 045	5519	16.02	53.49	6.03
		五龙乡	10 503	390	7.16	32.02	4.24
		黄龙乡	23 103	5617	14.83	10.50	−34.03
		枸杞乡	31 420	7250	8.78	19.85	5.72
		花鸟乡	437	233	8.09	30.73	3.07
台州市	椒江区	大陈镇	3464	1389	4.55	27.98	−2.59
	玉环县	玉城街道	3 873 551	105 231	65.13	31.56	1.71
		坎门街道	2 643 865	33 364	65.75	26.95	0.11
		大麦屿街道	1 192 908	105 539	76.49	15.10	−9.08
		清港镇	1 311 371	21 620	60.63	29.24	0.31
		楚门镇	1 973 401	76 978	58.60	35.17	0.12
		干江镇	204 569	3585	56.39	21.90	5.00
		沙门镇	803 863	32 096	68.38	20.93	13.31
		芦浦镇	588 137	9800	64.43	27.10	9.20
		龙溪镇	721 900	3616	56.52	36.73	0.05
		鸡山乡	6387	1251	5.22	11.38	−34.07
		海山乡	188	1403	11.45	32.50	6.82

　　利用熵权法计算得到海岛乡镇经济综合发展水平指标体系各指标权重如表5.5所示。

表5.5　2015年浙江省海岛乡镇经济综合发展水平指标权重表

一级指标	二级指标	单　位	指标权重
经济总量	工业企业总产值	万元	0.350
	公共财政收入	万元	0.413
经济结构	第二产业占比	%	0.128
	第三产业占比	%	0.081
经济增速	工业企业总产值增速	%	0.028

利用熵权法，计算得到49个海岛乡镇经济综合发展水平得分，各海岛乡镇综合得分和排序结果见表5.6。

表5.6　2015年浙江省海岛乡镇经济综合发展水平得分

市	县（区）	乡（街道、镇）	综合得分	排序结果
宁波市	北仑区	梅山乡	10.89	33
	象山县	鹤浦镇	10.02	36
		高塘岛乡	5.30	42
温州市	洞头区	北岙街道	14.86	26
		元觉街道	13.09	28
		大门镇	12.30	30
		东屏街道	10.06	35
		鹿西乡	8.52	38
舟山市	定海区	临城街道	62.32	2
		马岙街道	50.02	3
		小沙街道	29.70	9
		金塘镇	26.50	12
		岑港街道	24.40	13
		白泉镇	23.22	14
		双桥街道	19.00	21
		盐仓街道	16.80	22
		干览镇	15.25	24
	普陀区	朱家尖街道	43.65	7
		展茅街道	19.28	20
		六横镇	15.87	23
		虾峙镇	10.43	34
		桃花镇	6.69	40
		东极镇	5.06	44
	岱山县	长涂镇	27.48	11
		秀山乡	23.17	15
		东沙镇	21.62	16
		高亭镇	21.42	17
		岱西镇	15.09	25
		岱东镇	11.94	31
		衢山镇	11.71	32

市	县(区)	乡(街道、镇)	综合得分	排序结果
舟山市	嵊泗县	菜园镇	12.61	29
		洋山镇	10.02	37
		嵊山镇	7.77	39
		枸杞乡	5.07	43
		五龙乡	4.58	45
		花鸟乡	4.43	46
		黄龙乡	3.70	47
台州市	椒江区	大陈镇	3.63	48
	玉环县	玉城街道	71.85	1
		楚门镇	47.94	4
		大麦屿街道	47.49	5
		坎门街道	44.94	6
		清港镇	29.80	8
		沙门镇	28.09	10
		芦浦镇	21.35	18
		龙溪镇	20.82	19
		干江镇	14.43	27
		海山乡	5.57	41
		鸡山乡	1.04	49

　　结合表5.6分析海岛乡镇经济综合发展实力水平，从整体上看，排名前7的海岛乡镇分别为玉环县的玉城街道、定海区的临城街道、定海区的马岙街道、玉环县的楚门镇、玉环县的大麦屿街道、玉环县的坎门街道及普陀区的朱家尖街道。排名前7的海岛乡镇经济综合发展水平得分均在40以上，其中玉环县的玉城街道得分达到了71.85，定海区的临城街道得分达到了62.32，定海区的马岙街道得分达到了50.02。值得注意的是，得分排名前10的海岛乡镇均来自玉环县、定海区和普陀区，其中来自玉环县的海岛乡镇占到了一半以上。对于这些综合表现突出的海岛乡镇，可以将其设置为示范性海岛乡镇，引领综合表现或某方面表现不佳的海岛乡镇共同加强建设。

　　分地区来看，部分县（区）内各海岛乡镇经济综合发展水平相差较大，其平均得分水平差距也较为悬殊。北仑区、象山县、洞头区、定海区、普陀区、岱山县、嵊泗县、椒江区和玉环县海岛乡镇的平均得分分别为10.89，7.66，11.77，29.69，16.83，18.92，6.88，3.63和30.30，其中玉环县的平均得分居第一，其次便是定海区，得分稍稍低于玉环县。可见，海岛县（区）经济综合发展水平较高的玉环县、定海区，其海岛乡镇的发展水平也较为不错。

　　总而言之，浙江省海岛地区经济综合发展水平差异较大，这种差异可能来自地理位置、资源环境、产业结构、开放程度等方面。在今后的发展中，各海岛县（区）和海岛乡镇需根据自身环境和地理优势，明确并大力发展主导产业，探索能最大程度发挥自身优势及特色的产业发展路径；结合各级战略规划文件的发展目标，对各海岛县（区）和海岛乡镇进行功能定位，从规划层面完善区域分工、加强协调配合、减少无序竞争，努力形成空间衔接、梯度发展、协同共进的局面。同时，要明确可持续发展的绿色发展理念，坚持生态保护与经济发展并举的发展道路，积极发展绿色经济，促进经济高质量发展，提升海岛居民生活质量，推动海岛经济快速稳定发展。

第二节 | 海岛经济投入产出效率预算与分析

　　为科学地评估海岛经济发展质量，在选取适当的投入产出指标的基础上，利用数据包络分析（Data Envelopment Analysis，DEA）方法，对2011—2016年浙江省6个海岛县（区）海洋经济发展的投入产出效率进行测算，并进行动态演化分析。

一、分析模型与方法

　　本节选取固定资产投资额、从业人员和地区生产总值3个指标反映海岛县（区）投入产出水平，在此基础上，建立DEA-Malmquist指数模型，并对6个海岛县（区）海洋经济发展的投入产出效率进行测算，分析各海岛县（区）2011—2016年技术效率、纯技术效率和规模效率的时空格局演化规律，并计算3种效率值的平均值，建立影响因素分析模型，研究各海岛县投入产出是否有效。

二、海岛经济的投入产出效率测算与分析

本部分利用DEA方法测算浙江省6个海岛县（区）投入产出的效率，选用固定资产投资额表征资本投入水平、年末单位从业人员数表征劳动力投入水平及地区生产总值表征期望产出水平，各指标具体数值如表5.7所示。

表5.7 2011—2016年浙江省海岛县（区）投入产出效率分析的投入与产出指标

年 份	县（区）	期望产出	投 入	
		地区生产总值（亿元）	固定资产投资额(亿元)	年末单位从业人员数（万人）
2011	定海区	290.40	245.82	14.22
	普陀区	224.31	130.11	7.16
	岱山县	120.22	76.51	1.84
	嵊泗县	53.66	23.65	1.19
	玉环县	359.47	71.96	10.67
	洞头区	40.30	30.40	0.80
2012	定海区	314.81	312.57	17.55
	普陀区	249.21	148.22	8.52
	岱山县	128.21	76.52	2.15
	嵊泗县	61.67	33.29	1.15
	玉环县	372.23	91.42	11.03
	洞头区	45.74	47.40	0.78
2013	定海区	343.57	419.68	21.22
	普陀区	269.65	193.30	10.04
	岱山县	139.82	95.45	2.22
	嵊泗县	69.35	41.59	1.20
	玉环县	403.05	112.00	11.80
	洞头区	51.45	70.32	0.81
2014	定海区	369.52	530.70	25.26
	普陀区	291.30	247.07	11.71
	岱山县	147.91	122.02	3.96
	嵊泗县	77.13	61.08	2.89
	玉环县	423.68	135.15	11.23
	洞头区	56.45	82.34	0.80

续　表

年　份	县（区）	期望产出	投　入	
		地区生产总值（亿元）	固定资产投资额（亿元）	年末单位从业人员数（万人）
2015	定海区	391.46	621.87	29.65
	普陀区	310.07	292.73	13.52
	岱山县	155.82	145.66	8.21
	嵊泗县	84.56	74.49	3.02
	玉环县	436.59	163.55	10.71
	洞头区	73.15	142.60	0.90
2016	定海区	438.39	621.87	34.39
	普陀区	363.37	433.81	15.49
	岱山县	174.76	169.04	8.34
	嵊泗县	97.75	86.42	2.99
	玉环县	469.58	194.94	9.11
	洞头区	79.92	154.55	0.90

注：其中定海区、普陀区的年末单位从业人员数为估算值。

2011—2016年，海岛县（区）投入产出技术效率、纯技术效率和规模效率测算结果如表5.8、表5.9和表5.10所示。

表5.8　2011—2016年浙江省海岛县（区）投入产出技术效率

县（区）	技术效率						平均技术效率
	2011年	2012年	2013年	2014年	2015年	2016年	
定海区	0.472	0.418	0.370	0.357	0.312	0.293	0.370
普陀区	0.711	0.688	0.620	0.607	0.539	0.441	0.601
岱山县	1.000	1.000	1.000	0.839	0.458	0.429	0.788
嵊泗县	0.988	1.000	1.000	0.651	0.645	0.612	0.816
玉环县	1.000	1.000	1.000	1.000	1.000	1.000	1.000
洞头区	0.811	0.983	1.000	1.000	1.000	1.000	0.966

表5.9　2011—2016年浙江省海岛县（区）投入产出纯技术效率

县（区）	纯技术效率						平均纯技术效率
	2011年	2012年	2013年	2014年	2015年	2016年	
定海区	0.571	0.509	0.454	0.384	0.320	0.299	0.423
普陀区	0.794	0.768	0.692	0.638	0.540	0.444	0.646
岱山县	1.000	1.000	1.000	0.858	0.635	0.644	0.856
嵊泗县	1.000	1.000	1.000	1.000	1.000	1.000	1.000
玉环县	1.000	1.000	1.000	1.000	1.000	1.000	1.000
洞头区	1.000	1.000	1.000	1.000	1.000	1.000	1.000

表5.10　2011—2016年浙江省海岛县（区）投入产出规模效率

县（区）	规模效率						平均规模效率
	2011年	2012年	2013年	2014年	2015年	2016年	
定海区	0.826	0.821	0.814	0.931	0.973	0.979	0.891
普陀区	0.896	0.895	0.896	0.951	0.998	0.994	0.938
岱山县	1.000	1.000	1.000	0.978	0.721	0.666	0.894
嵊泗县	0.988	1.000	1.000	0.651	0.645	0.612	0.816
玉环县	1.000	1.000	1.000	1.000	1.000	1.000	1.000
洞头区	0.811	0.983	1.000	1.000	1.000	1.000	0.966

　　计算2011—2016年各海岛县（区）的平均规模效率和平均纯技术效率，以0.9为临界点，将6个海岛县（区）划分为4种类型。第一种类型为两种平均效率都超过0.9的"双高型"，包括玉环县和洞头区，这两个海岛县（区）的效率改进空间较小，经济发展效率相对较高。第二种为两种平均效率都低于0.9的海岛县，包括定海区和岱山县，其平均纯技术效率分别为0.423，0.856，平均规模效率分别为0.891和0.894，纯技术效率和规模效率的提升空间较大，在发展战略调整过程中，既要重视管理制度和方法的创新和改进，也要调整规模使其生产规模逐渐接近有效规模状态。第三种类型是平均纯技术水平效率超过0.9，而平均规模效率小于0.9的海岛县（区），这种类型仅有嵊泗县，其平均纯技术效率达到有效，但平均规模效率仅为0.816，所以嵊泗

县应当着重规模效率方面的改进，可适当扩大投入规模以达到规模有效状态。第四种类型是平均纯技术效率低于0.9，而平均规模效率大于0.9的海岛县（区），这种类型仅包括普陀区，其平均规模效率达到了0.938，但是平均纯技术效率仅为0.646，可见普陀区效率的进步主要依靠规模效率，其生产规模已达到了一定水平，所以在今后的发展中应该注重经营管理水平的有效性，加快制度变革。

从平均综合效率上看，定海区、普陀区、岱山县、嵊泗县、玉环县、洞头区的平均综合效率值分别为0.370，0.601，0.788，0.816，1.000，0.966，仅玉环县达到DEA有效状态，其余仅有洞头区综合效率值超过0.9，比较接近有效状态，发展形势比较乐观。根据所测算的各海岛县（区）历年投入产出效率，可将6个海岛县（区）划分为3个层次：洞头区、玉环县为第一层次，其投入产出效率基本保持平稳；嵊泗县和岱山县为第二层次，其投入产出效率一直在波动变化；普陀区和定海区为第三层次，其投入产出效率呈现明显的下降趋势。各海岛县（区）历年投入产出效率如图5.6所示。

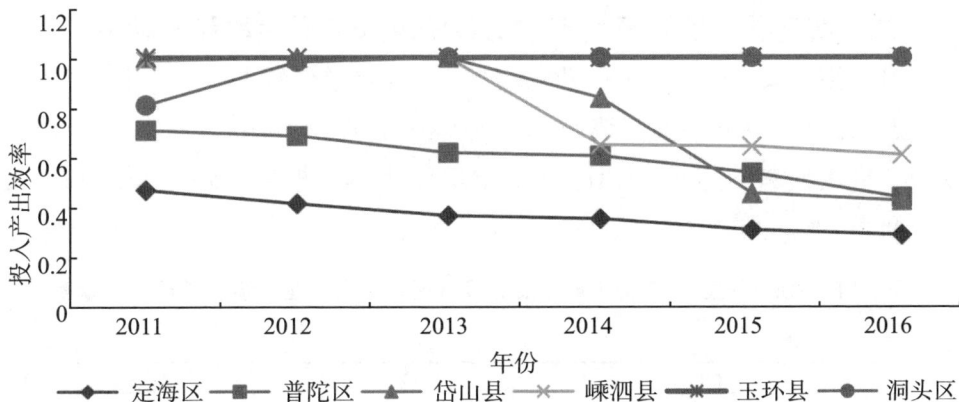

图5.6　2011—2016年浙江省各海岛县（区）历年投入产出效率

第三节｜海岛县(区)产业结构变动及其经济贡献分析

本节定量分析了6个海岛县（区）的产业结构变动对经济增长的影响，并在此基础上建立计量模型，分离出各产业变动对整体经济的贡献度，其主要内容包括投入产出和GDP产业结构分析。同时，对6个海岛县（区）三次产业贡献率和拉动力进行测定，建立双对数模型分析经济增长的弹性系数，从而提出对策性建议。

一、分析模型与方法

常用的计算产业结构变动对经济的贡献的方法包括生产函数法、投入产出法及GDP产业结构统计方法。其中：生产函数法只能近似地反映经济增长；而投入产出法是在投入产出分析的基础上进行的，其假设条件是同质性和比例性的；GDP产业结构统计方法可获取性好，且较为准确。

本节分析结合了投入产出法和GDP产业结构统计方法，首先测算了海岛县（区）三次产业对经济增长的贡献度和拉动力，其次利用双对数模型测定三次产业对浙江省经济增长的弹性系数，最后计算产业结构变动对浙江省经济增长的影响程度。

二、海岛县（区）三大产业对经济增长的贡献率和拉动力

利用海岛县（区）三大产业的增加值和生产总值数据，可分别得到6个海岛县（区）三大产业对经济增长的贡献率（产业增加值/生产总值）及拉动力（产业贡献率与生产总值增长率的乘积），具体数据见表5.11、表5.12、表5.13和表5.14。

表5.11　2000—2017年浙江省各海岛县（区）三次产业对经济增长的贡献率

单位：%

年份	定海区			普陀区			岱山县		
	一产	二产	三产	一产	二产	三产	一产	二产	三产
2000	11.60	43.17	45.23	34.58	33.06	32.36	43.78	24.49	31.73
2001	11.03	44.06	44.90	30.46	34.67	34.86	40.28	26.71	33.01
2002	21.38	2.01	76.62	63.61	16.60	19.79	62.16	22.48	15.35
2003	8.17	46.98	44.86	22.35	39.30	38.35	32.06	32.42	35.52
2004	7.04	48.20	44.76	20.87	41.08	38.05	29.97	34.97	35.06
2005	5.28	41.51	53.20	17.65	38.64	43.72	26.36	32.91	40.72
2006	4.47	42.22	53.31	16.03	40.78	43.19	22.41	37.09	40.50

年　份	定海区			普陀区			岱山县		
	一产	二产	三产	一产	二产	三产	一产	二产	三产
2007	4.00	42.49	53.51	13.85	43.33	42.83	19.89	40.64	39.47
2008	3.44	44.40	52.16	12.74	46.60	40.66	17.06	46.98	35.97
2009	3.55	41.16	55.30	12.10	44.16	43.74	14.58	56.72	28.70
2010	3.35	43.30	53.35	12.36	43.91	43.73	13.43	57.69	28.88
2011	3.84	56.06	40.10	13.38	48.25	38.37	11.89	47.98	40.13
2012	2.94	46.30	50.76	12.11	42.85	45.03	14.30	56.75	28.95
2013	2.95	46.47	50.58	12.58	41.96	45.46	15.57	54.79	29.64
2014	2.78	46.31	50.91	12.27	36.93	50.80	15.15	51.99	32.87
2015	2.68	46.41	50.91	12.58	34.68	52.74	15.36	51.41	33.23
2016	2.62	47.40	49.99	12.53	34.27	53.20	15.38	50.96	33.66
2017	2.65	39.38	57.97	13.92	27.77	58.32	20.22	38.37	41.41

表5.12　2000—2017年浙江省各海岛县（区）三次产业对经济增长的贡献率（续）

单位：%

年　份	嵊泗县			玉环市			洞头区		
	一产	二产	三产	一产	二产	三产	一产	二产	三产
2000	37.28	22.99	39.73	18.32	55.22	26.46	31.84	26.24	41.92
2001	35.45	22.72	41.83	15.99	57.08	26.93	27.62	20.74	51.64
2002	67.40	21.40	11.20	13.41	58.87	27.72	22.61	20.68	56.72
2003	24.27	37.96	37.77	11.05	60.18	28.77	20.67	23.02	56.31
2004	22.87	40.95	36.18	9.57	60.54	29.89	19.81	24.42	55.77
2005	19.52	45.27	35.20	8.75	61.52	29.73	18.61	33.67	47.71
2006	17.46	47.30	35.23	7.37	64.18	28.45	16.19	37.12	46.69
2007	15.46	50.43	34.11	6.06	66.38	27.56	13.65	38.99	47.36
2008	15.43	50.29	34.28	6.01	65.87	28.13	13.14	40.68	46.18
2009	17.45	43.65	38.89	6.76	61.19	32.05	11.21	37.38	51.41
2010	19.17	34.29	46.53	6.40	63.09	30.51	9.63	36.46	53.91
2011	55.99	30.33	13.69	6.75	61.82	31.44	9.46	36.17	54.37
2012	24.41	15.60	59.99	6.80	59.92	33.28	8.56	36.38	55.06
2013	26.16	14.91	58.93	6.57	59.18	34.25	9.62	35.57	54.82

续　表

年　份	嵊泗县			玉环市			洞头区		
	一产	二产	三产	一产	二产	三产	一产	二产	三产
2014	25.65	15.67	58.68	6.35	58.67	34.98	7.45	36.61	55.93
2015	26.71	15.37	57.92	6.73	55.15	38.12	7.38	39.64	52.98
2016	27.27	13.88	58.85	6.98	52.81	40.22	7.56	37.72	54.72
2017	29.03	14.14	56.83	6.44	53.78	39.77	6.99	34.38	58.63

表5.13　2000—2017年浙江省各海岛县（区）三次产业对经济增长的拉动力

单位：%

年　份	定海区			普陀区			岱山县		
	一产	二产	三产	一产	二产	三产	一产	二产	三产
2000	1.46	5.43	5.69	4.38	4.18	4.10	5.50	3.08	3.99
2001	1.21	4.82	4.91	3.94	4.49	4.51	4.11	2.73	3.37
2002	3.47	0.33	12.45	8.35	2.18	2.60	7.85	2.84	1.94
2003	1.81	10.39	9.92	3.60	6.32	6.17	4.63	4.68	5.13
2004	1.67	11.44	10.63	5.31	10.45	9.68	6.02	7.03	7.04
2005	1.25	9.85	12.63	4.25	9.30	10.52	5.76	7.19	8.90
2006	0.92	8.72	11.01	3.61	9.18	9.72	4.46	7.38	8.05
2007	0.92	9.81	12.35	3.38	10.58	10.45	4.65	9.50	9.22
2008	0.72	9.29	10.91	2.77	10.12	8.83	4.73	13.02	9.96
2009	0.05	0.63	0.85	0.46	1.69	1.68	3.09	12.02	6.08
2010	0.60	7.78	9.58	1.60	5.68	5.66	0.15	0.65	0.33
2011	0.62	9.02	6.45	2.20	7.92	6.30	1.78	7.19	6.02
2012	0.25	3.89	4.27	1.34	4.76	5.00	0.95	3.77	1.93
2013	0.27	4.24	4.62	1.03	3.44	3.73	1.41	4.96	2.68
2014	0.21	3.50	3.84	0.99	2.97	4.08	0.88	3.01	1.90
2015	0.16	2.76	3.02	0.81	2.24	3.40	0.82	2.75	1.78
2016	0.31	5.68	5.99	2.15	5.89	9.14	1.87	6.19	4.09
2017	0.42	6.29	9.25	1.72	3.42	7.19	2.57	4.88	5.26

表5.14 2000—2017年浙江省各海岛县（区）三次产业对经济增长的拉动力（续）

单位：%

年 份	嵊泗县			玉环市			洞头区		
	一产	二产	三产	一产	二产	三产	一产	二产	三产
2000	5.21	3.21	5.55	2.49	7.50	3.59	4.26	3.51	5.61
2001	1.01	0.65	1.19	1.77	6.33	2.99	2.52	1.89	4.72
2002	15.55	4.94	2.59	2.20	9.65	4.54	3.25	2.97	8.15
2003	5.58	8.72	8.68	1.67	9.09	4.35	3.12	3.48	8.51
2004	5.30	9.49	8.39	1.42	9.01	4.45	3.76	4.64	10.59
2005	2.30	5.32	4.14	1.48	10.41	5.03	0.30	0.55	0.78
2006	2.69	7.28	5.42	1.57	13.65	6.05	2.09	4.78	6.01
2007	2.89	9.43	6.38	1.50	16.41	6.81	1.75	5.00	6.07
2008	3.33	10.85	7.40	0.80	8.82	3.77	1.67	5.16	5.85
2009	−0.15	−0.36	−0.32	−0.28	−2.50	−1.31	2.66	8.88	12.21
2010	1.78	3.18	4.32	1.67	16.48	7.97	1.49	5.63	8.32
2011	−4.33	−2.34	−1.06	1.09	10.02	5.10	1.53	5.86	8.81
2012	3.64	2.33	8.95	0.24	2.13	1.18	1.15	4.90	7.42
2013	3.26	1.86	7.34	0.54	4.90	2.84	1.20	4.44	6.85
2014	2.88	1.76	6.59	0.33	3.00	1.79	0.72	3.56	5.43
2015	2.57	1.48	5.58	0.21	1.68	1.16	2.18	11.73	15.68
2016	4.25	2.17	9.18	0.53	3.99	3.04	0.70	3.49	5.06
2017	2.06	1.00	4.03	0.82	6.84	5.06	0.89	4.39	7.48

　　分地区来看，舟山市4个海岛县（区）产业结构差别较为明显。2000—2017年，定海区第一产业对经济增长的贡献率由11.60%下降至2.65%，第二产业贡献率由43.17%下降至39.38%，第三产业贡献率由45.23%上升至57.97%。自2005年起，定海区第三产业的贡献率基本上都超过了50%，表明第三产业已成为定海区经济发展的支柱性产业，其产业结构正处于优化升级阶段。同时，定海区第二产业的贡献率整体上与第三产业差距不大，表明其工业发展较好。2000—2017年，普陀区第一产业的贡献率由34.58%快速下降至13.92%，第二产业的贡献率由33.06%下降到27.77%，第三产业的贡献率

则从2014年起开始突破50%，2017年达到58.32%。岱山县第一产业的贡献率总体呈现缓慢下降趋势，由2000年的43.78%下降至2017年的20.22%，第二产业和第三产业的贡献率则交替领先，第二产业的贡献率在2007—2016年间高于第三产业，第三产业的贡献率在2000—2006年间（除2002年）高于第二产业，两者数值较为接近，并未拉开太大差距。岱山县有丰富的旅游资源，当地政府应尽量利用旅游资源大力发展第三产业，尤其是现代服务业和旅游业。嵊泗县第一产业在经历过萎缩阶段后，2009—2017年呈上升趋势；而第二产业部分企业则明显转移至第三产业，其贡献率的下降趋势十分显著；第三产业自2012年起贡献率一直维持在50%以上，表明嵊泗县三次产业结构较为合理，可更好地利用其丰富的渔业资源以带动其第一产业的发展。

台州市玉环市的产业结构明显呈现"二三一"模式，第一产业的贡献率由2000年的18.32%下降至6.44%，第二产业的贡献率在2003—2011年间一直在60%以上，2012年后也始终维持在50%以上，表明玉环市第二产业是主导产业，是当地经济发展的支柱性产业。玉环市的产业结构表明，当地旅游资源开发不足，第三产业发展空间受到第二产业的挤压，不利于海岛生态环境保护和经济形态转型，应当精准施策，进一步提高第三产业的经济贡献率，促进产业结构现代化。

洞头区的产业结构明显呈现"三二一"模式，第一产业的贡献率由2000年的31.84%快速下降至2017年的6.99%，第二产业的贡献率由26.24%上升至34.38%，第三产业的贡献率由41.92%平稳上升至58.63%，且第三产业在大多数年份的贡献率均保持在50%以上。

总体而言，2000—2017年，浙江省海岛地区三次产业对经济增长的贡献发生了比较显著的变化，各海岛县（区）的产业结构呈现不同的阶段化特征。推动产业结构升级，使产业结构重心逐渐向第二、三产业演进，是满足市场需求、提高人民生活水平、促进经济高质量发展的必然要求。定海区和普陀区与该标准较为接近，其中定海区第一产业相比标准值差距较大，第一产业较为落后[1]。岱山县、嵊泗县、玉环市及洞头区三次产业的占比与现代化

①根据英格尔斯现代化标准，第一、二、三产业的比重应分别为12%—15%，40%—43%和45%。

标准差距较大，其中岱山县、嵊泗县第一产业占比比较接近12％至15％的范围。一般而言，海岛地区经济开发比较依赖海洋资源，然而，由于不加节制地高强度海洋捕捞，近年来，海洋渔业资源呈现出衰竭的迹象，各海岛县（区）第一产业比重逐渐下降。除定海区、普陀区和玉环市的工业基础比较完善，其他海岛县（区）第二产业发展严重滞后，行业分布仅涵盖水产加工业和渔业配套设施产业。第三产业的发展主要是由于近年来旅游资源开发及交通基础设施逐渐完善，给旅游业和交通运输业带来较大的发展空间。但旅游业受季节性影响较大，旺季和淡季的游客数量差距悬殊。

海岛县（区）产业结构比较容易受到市场机制、大陆经济、高新技术引进和交通设施完善程度的影响。各海岛县（区）应积极引进高新技术和人才，加大相关政策扶持力度，发展岛陆桥（隧）通道工程，实施一批重大工程项目，极大改善海岛县（区）经济社会环境，推动产业结构进一步优化。

三、各地区三大产业对其经济增长的弹性系数测定

本部分利用双对数模型测定三大产业对各地区经济增长的弹性系数，分别对各海岛县（区）地区生产总值和产业数据进行对数处理，以地区生产总值作为因变量，以产业数据作为自变量，建立双对数模型：

$$\ln GDP = \alpha_1 \ln Y_1 + \alpha_2 \ln Y_2 + \alpha_3 \ln Y_3 \tag{5-1}$$

其中，α_i表示双对数模型的弹性系数，Y_i表示各产业的增加值。基于回归方程系数的经济含义，可得到各个产业对经济增长的弹性系数，即某产业产值每增加1％，浙江省的生产总值增加的百分比。6个海岛县（区）三大产业对经济增长的弹性测定结果如表5.15所示。

表5.15　各海岛县（区）三大产业对经济增长的弹性系数

变　量	定海区	普陀区	岱山县	嵊泗县	玉环市	洞头区
$\ln Y_1$	0.314	0.438	0.377	0.464	0.132	0.240
$\ln Y_2$	0.260	0.421	0.481	0.356	0.601	0.296
$\ln Y_3$	0.575	0.260	0.171	0.290	0.288	0.524
Constant	−0.557	−0.270	0.818	−0.050	0.670	0.418
R^2	0.9991	0.9989	0.9988	0.998	0.9999	0.9997
Adjusted_R^2	0.9989	0.9987	0.9986	0.9976	0.9999	0.9996

根据OLS回归结果，6个海岛县（区）三大产业对经济增长弹性的双对数模型均通过F检验和t检验，表明模型拟合效果较好，各系数显著。

定海区三大产业对县域经济增长的回归模型方程如下：

$$\ln GDP=0.314\ln Y_1+0.260\ln Y_2+0.575\ln Y_3-0.557 \quad (5-2)$$

$\ln Y_1$，$\ln Y_2$，$\ln Y_3$的系数分别为0.314，0.260，0.575，表明定海区第一产业、第二产业和第三产业的产值每增加1％，定海区生产总值会相应增长0.314％，0.260％和0.575％，其中第三产业对经济增长的作用最为明显。

普陀区三大产业对县域经济增长的回归模型方程如下：

$$\ln GDP=0.438\ln Y_1+0.421\ln Y_2+0.260\ln Y_3-0.270 \quad (5-3)$$

$\ln Y_1$，$\ln Y_2$，$\ln Y_3$的系数分别为0.438，0.421和0.260，表明普陀区第一产业、第二产业和第三产业的产值每增加1％，普陀区生产总值会相应增长0.438％，0.421％和0.260％，其中第一产业对经济增长的作用最为明显。

岱山县三大产业对县域经济增长的回归模型方程如下：

$$\ln GDP=0.377\ln Y_1+0.481\ln Y_2+0.171\ln Y_3+0.818 \quad (5-4)$$

$\ln Y_1$，$\ln Y_2$，$\ln Y_3$的系数分别为0.377，0.481和0.171，表明岱山县第一产业、第二产业和第三产业的产值每增加1％，岱山县生产总值会相应增长0.377％，0.481％和0.171％，其中第二产业对经济增长的作用最为明显。

嵊泗县三大产业对县域经济增长的回归模型方程如下：

$$\ln GDP=0.464\ln Y_1+0.356\ln Y_2+0.290\ln Y_3-0.050 \quad (5-5)$$

$\ln Y_1$，$\ln Y_2$，$\ln Y_3$的系数分别为0.464，0.356和0.290，表明嵊泗县第一产业、第二产业和第三产业的产值每增加1％，嵊泗县生产总值会相应增长0.464％，0.356％和0.290％，其中第一产业对经济增长的作用最为明显。

玉环市三大产业对县域经济增长的回归模型方程如下：

$$\ln GDP=0.132\ln Y_1+0.601\ln Y_2+0.288\ln Y_3+0.670 \quad (5-6)$$

$\ln Y_1$，$\ln Y_2$，$\ln Y_3$的系数分别为0.132，0.601和0.288，表明玉环县第一产业、第二产业和第三产业的产值每增加1％，玉环市生产总值会相应增长0.132％，0.601％和0.288％，其中第二产业对经济增长的作用最为明显。

洞头区的回归模型方程如下：

$$\ln GDP=0.240\ln Y_1+0.296\ln Y_2+0.524\ln Y_3+0.418 \quad (5-7)$$

$\ln Y_1$，$\ln Y_2$，$\ln Y_3$的系数分别为0.240，0.296和0.524，表明洞头区第一产业、第二产业和第三产业的产值每增加1%，洞头区生产总值会相应增长0.240%，0.296%和0.524%，其中第三产业对经济增长的作用最为明显。

总体而言，通过测算各海岛县（区）经济增长的贡献率和拉动力，并利用双对数模型测定三大产业对各海岛县（区）经济增长的弹性系数，可以突出各海岛县（区）的优势产业，明确海岛县（区）适合的具体发展方向，并由此进一步拓展相关细化产业，推动海岛县（区）的经济增长，有利于海岛县（区）产业结构优化及经济效益提升。各海岛县（区）需根据海岛自然资源优势和社会经济基础，促进各产业全面发展，同时积极发挥主导产业的扩散效应，提高工业产品附加值和技术含量；完善基础设施建设，深入挖掘旅游资源，大力发展旅游业，使第三产业得到快速发展。

第六章

浙江省临海开发区发展
现状及特征分析

本章以《浙江统计年鉴》《杭州统计年鉴》《萧山区统计年鉴》等各级各
类统计资料和各地区政府工作报告及相关政府文件为基础，对浙江省临海开
发区相关数据进行汇总整理，得到2015年浙江省各地临海开发区基本情况
表。通过对临海开发区的空间资源、经济规模、产出特征和涉海产业等方面
进行分析，总结全省各沿海城市临海开发区的发展现状和特征。

第一节 | 临海开发区的空间资源

针对临海开发区的空间资源，主要考察开发区核准面积、开发区填海面
积和开发区海岸线长度3个指标。在浙江省沿海城市中，宁波市的临海开发
区核准面积最大且岸线最长，嘉兴市的填海面积最大。

一、开发区核准面积

2015年，浙江省临海开发区核准总面积为177 662公顷。分地区来看，宁
波市的开发区核准面积最大，达到了86 757公顷，占全省开发区核准总面积
的48.83%；其次是温州市，其开发区核准面积共计40 112公顷，占全省开发
区核准总面积的22.58%；排名第三的是嘉兴市，其开发区核准面积共计
17 320公顷，占全省开发区核准总面积的9.75%；台州市和舟山市两地的开
发区核准面积相近，分别为13 915公顷和11 619公顷；而杭州市和绍兴市的
开发区核准面积较小，其中杭州市的开发区核准面积明显小于其他几个地
区，仅为920公顷，占全省开发区核准总面积的1%不到。具体数据可见表6.1。

表6.1 2015年浙江省各沿海城市临海开发区基本情况表

城　市	开发区核准面积(公顷)	填海面积(公顷)	海岸线长度(公里)
杭州市	920	0	0
宁波市	86 757	2264	82
温州市	40 112	4299	42
嘉兴市	17 320	10 561	7
绍兴市	7019	400	13

城　市	开发区核准面积(公顷)	填海面积(公顷)	海岸线长度(公里)
舟山市	11 619	29	66
台州市	13 915	1607	7
合计	177 662	19 160	217

二、开发区填海面积

2015年，浙江省开发区填海面积共计19 160公顷。其中，嘉兴市的填海面积最大，共计10 561公顷，占全省的55.12%；温州市为4299公顷，占比为22.44%；宁波市为2264公顷，占比达到了11.82%；另外几个地区的临海开发区填海面积较小，其中杭州市2015年没有填海活动。相关数据可见表6.1。

三、开发区海岸线长度

2015年，浙江省临海开发区海岸线长度共计217公里。分地区来看，宁波市开发区的海岸线最长，达82公里，占全省的37.79%；海岸线长度较长的，还有舟山市、温州市，分别达到了66公里和42公里，分别占全省的30.41%，19.35%；绍兴市、嘉兴市和台州市的海岸线长度依次为13公里、7公里、7公里；而杭州市的海岸线长度为0。

第二节 ｜ 临海开发区的经济规模

针对临海开发区的经济规模，主要考察产值、就业、投资、财税、外贸5个方面的情况。其中，产值通过开发区生产总值来反映，就业通过从业人员数、就业吸纳率和从业聚集度3个指标来反映，投资通过固定资产投资额、固定资产投资占比、固定资产投资聚集度3个指标来反映，财税通过财政和税收的收入及贡献来反映，外贸通过进净出口及贡献来反映。

一、产值

2015年，浙江省临海开发区共实现生产总值6019.27亿元。其中，宁波市生产总值最高，为2577.42亿元，占全省临海开发区地区生产总值的42.82%；温州市、台州市分别位居第二、第三，分别实现生产总值1105.94亿元、721.67亿元，占比依次为18.37%，11.99%；生产总值规模较小的是杭州市（191.59亿元）、嘉兴市（375.57亿元）、舟山市（438.03亿元）。相关情况可见表6.2。

表6.2　2015年浙江省各沿海城市临海开发区经济发展情况

城　市	临海开发区生产总值(亿元)	年末从业人员数(万人)	固定资产投资额(亿元)
杭州市	191.59	8.41	75.66
宁波市	2577.42	95.54	1516.21
温州市	1105.94	35.16	1049.96
嘉兴市	375.57	22.43	302.27
绍兴市	609.05	24.86	580.83
舟山市	438.03	12.90	286.97
台州市	721.67	20.30	378.65
合计	6019.27	219.60	4190.55

二、就业

浙江省7个沿海城市临海开发区年末共有从业人员219.60万人。其中，宁波市临海开发区的年末从业人数最多，为95.54万人，占全省临海开发区从业人员总数的43.51%；其次是温州市，其年末从业人员数共计35.16万人，占全省临海开发区从业人员总数的16.01%；年末从业人员数排名第三的地区是嘉兴市，为22.43万人，占全省临海开发区从业人员总数的10.21%。相关数据可见表6.3。

表6.3　2015年浙江省各沿海城市临海开发区就业情况

城　市	年末从业人员数(万人)	就业吸纳率(%)	从业聚集度(%)
杭州市	8.41	60.97	1.27
宁波市	95.54	50.58	18.75

城　市	年末从业人员数(万人)	就业吸纳率(%)	从业聚集度(%)
温州市	35.16	18.10	32.99
嘉兴市	22.43	60.11	6.82
绍兴市	24.86	41.14	7.17
舟山市	12.90	33.05	17.31
台州市	20.30	16.73	5.03
临海开发区合计	219.60	35.69	9.03

根据各开发区年末从业人员数占开发区总人口的比重，可获得各开发区的就业吸纳率，并通过计算开发区从业人员数占所在城市从业人数的比重，获得区域从业聚集情况。可以看出，杭州市、嘉兴市临海开发区的就业吸纳率较高，其次是宁波市，说明这些地区的临海开发区就业水平较高，而温州市和台州市临海开发区的就业吸纳率不到20%。从从业聚集度层面上来看，温州市的水平最高，其次是宁波市和舟山市。而杭州市的从业聚集度仅为1.27%，再次说明杭州市临海开发区规模很小，对杭州市的就业贡献不大。

三、固定资产投资

2015年，浙江省各临海开发区固定资产投资额合计为4190.55亿元。其中，宁波市为1516.21亿元，占全省临海开发区固定资产投资额的比重为36.18%；温州市为1049.96亿元，占全省临海开发区固定资产投资额的比重为25.06%；绍兴市为580.83亿元，占全省临海开发区固定资产投资额的比重为13.86%。相比之下，舟山市与杭州市临海开发区固定资产投资额明显低于其他几个地区，尤其是杭州市，仅为75.66亿元，占全省临海开发区固定资产总额的1.81%。相关数据可见表6.4。

表6.4　2015年浙江省各临海开发区固定资产投资情况

城　市	固定资产投资额(亿元)	固定资产投资占比(%)	固定资产投资聚集度(%)
杭州市	75.66	1.81	1.36
宁波市	1516.21	36.18	33.64
温州市	1049.96	25.06	30.38

续 表

城　市	固定资产投资额(亿元)	固定资产投资占比(%)	固定资产投资聚集度(%)
嘉兴市	302.27	7.21	12.02
绍兴市	580.83	13.86	22.49
舟山市	286.97	6.85	25.29
台州市	378.65	9.04	18.97
合计	4190.55	100	19.27

由表6.4可以看出，宁波市、温州市固定资产投资聚集度较高，分别为33.64%和30.38%，均超过30%；其次是舟山市、绍兴市；而杭州市固定资产投资聚集度仅为1.36%，远低于其他地区的水平。

四、财税

（一）开发区的财政收入

2015年，浙江省各临海开发区财政收入共计1098.85亿元。其中，宁波市的财政收入最高，达到了617.58亿元，占全省临海开发区财政收入的56.20%；温州市为214.73亿元，占全省的19.54%；绍兴市为93.23亿元，约占全省的8.48%；三者合计占全省的84.23%。相比之下，舟山市和台州市的财政收入水平较低。相关数据可见表6.5。

表6.5　2015年浙江省各沿海城市临海开发区财政、税收收入情况

城　市	财政收入(亿元)	税收收入(亿元)
杭州市	51.55	51.50
宁波市	617.58	773.54
温州市	214.73	155.04
嘉兴市	81.29	69.96
绍兴市	93.23	77.95
舟山市	28.84	26.77
台州市	11.63	41.97
浙江省	1098.85	1196.73

（二）开发区的税收收入

2015年，浙江省临海开发区税收收入共计1196.73亿元。其中，宁波市临海开发区共实现税收收入773.54亿元，占全省临海开发区税收收入的64.64％；温州市次之，为155.04亿元，占全省的12.96％；绍兴市为77.95亿元，占全省的6.51％。相关数据可见图6.1。

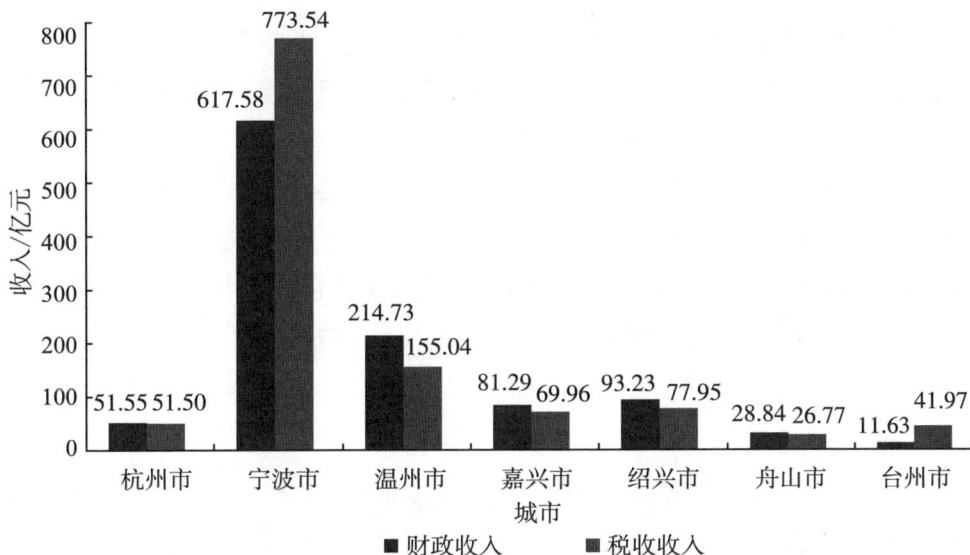

图6.1　2015年浙江省各沿海城市临海开发区财政、税收收入情况

根据开发区财政收入及税收收入分别占开发区地区生产总值的比重，得到各开发区财政贡献率及税收贡献率；根据开发区财政收入占所在市财政收入的比重及开发区税收收入占所在市市税收收入的比重，得到开发区财政收入贡献度及税收收入贡献度。结果如表6.6所示。

表6.6　2015年浙江省各沿海城市临海开发区财政及税收情况

单位：%

城　　市	财政贡献率	税收贡献率	财政收入贡献度	税收收入贡献度
杭州市	26.91	26.88	2.30	4.57
宁波市	23.96	30.01	29.80	91.20
温州市	19.42	14.02	31.77	44.35
嘉兴市	21.64	18.63	12.73	22.01
绍兴市	15.31	12.80	15.48	24.70

续　表

城　市	财政贡献率	税收贡献率	财政收入贡献度	税收收入贡献度
舟山市	6.59	6.11	18.07	28.38
台州市	1.61	5.82	2.15	14.08
合　计	18.26	19.88	15.86	35.73

由表6.6可以看出，除了舟山市、台州市以外，其他地区临海开发区的财政贡献率水平均较高。在财政收入贡献度层面，宁波市、温州市的水平较高，而杭州市、台州市临海开发区均不到3%。

杭州市、宁波市临海开发区税收贡献率水平在全省保持领先，而舟山市、台州市的水平相对较低。宁波市临海开发区的税收收入贡献度高达91.20%，说明宁波市税收收入主要来源于临海开发区税收收入，其次是温州市，而杭州市临海开发区的税收收入贡献度仅为4.57%。

五、外贸

2015年，浙江省临海开发区总进口额为308.19亿美元，出口额为476.90亿美元，净出口总额为168.72亿美元。相关数据可见表6.7。

表6.7　2015浙江省各沿海城市临海开发区进出口贸易情况

城　市	进口额		出口额		净出口	
	规模(亿美元)	占比(%)	规模(亿美元)	占比(%)	规模(亿美元)	占比(%)
杭州市	5.70	1.85	19.92	4.18	14.22	8.43
宁波市	240.06	77.90	245.62	51.50	5.56	3.29
温州市	5.38	1.74	48.39	10.15	43.01	25.49
嘉兴市	33.68	10.93	47.66	9.99	13.98	8.29
绍兴市	12.66	4.11	57.44	12.04	44.78	26.54
舟山市	4.07	1.32	19.22	4.03	15.15	8.98
台州市	6.64	2.15	38.65	8.10	32.01	18.97
合　计	308.19	—	476.90	—	168.72	—

注："—"表示数据缺失。

具体来看，宁波市临海开发区的进口规模和出口规模均遥遥领先于其他地区，其进口额占进口总额的77.90%，出口额占出口总额的51.50%。嘉兴市、绍兴市和台州市临海开发区的进口额规模相对靠前，其进口额占比分别为10.93%，4.11%和2.15%；除宁波市临海开发区外，出口额规模靠前的其他地区分别为绍兴市临海开发区、温州市临海开发区和嘉兴市临海市开发区，其占比分别为12.04%，10.15%和9.99%。

而净出口额规模靠前的地区分别为绍兴市临海开发区、温州市临海开发区和台州市临海开发区，占比分别为26.54%，25.49%和18.97%。

通过开发区净出口占开发区生产总值的比重，得到开发区净出口贡献率。此外，将开发区净出口情况与所在市净出口情况比较，计算其比重，得到开发区净出口贡献度。结果如表6.8所示。

表6.8 2015年浙江省各沿海城市临海开发区对外贸易情况

城　市	净出口(亿美元)	净出口贡献率(%)	净出口贡献度(%)
杭州市	14.22	46.23	0.88
宁波市	5.56	1.34	0.43
温州市	43.01	24.22	5.80
嘉兴市	13.98	23.18	2.48
绍兴市	44.78	45.79	6.25
舟山市	15.15	21.55	8.64
台州市	32.01	27.63	5.61
合计	168.72	17.46	2.98

由表6.8可以看出，杭州市和绍兴市的临海开发区净出口贡献率较高，分别为46.23%和45.79%，而宁波市临海开发区净出口贡献率仅为1.34%，这主要是因为宁波市临海开发区进口规模和出口规模均较高。

在净出口贡献度上，舟山市临海开发区水平最高，为8.64%，其次是绍兴市（6.25%）、温州市（5.80%），而杭州市和宁波市临海开发区净出口贡献度分别为0.88%和0.43%，均不到1%。

第三节｜临海开发区的产出特征分析

针对临海开发区的产出特征，主要考察临海开发区的经济质量和经济效益，通过单位面积生产总值、人均生产总值、生产总值贡献度等指标反映。

一、单位面积生产总值

2015年，浙江省各沿海城市临海开发区单位面积生产总值为338.80万元/公顷。其中，杭州、绍兴、台州、舟山四地临海开发区单位面积产值高于临海开发区平均水平，分别为2082.50万元/公顷、867.72万元/公顷、518.64万元/公顷、377.00万元/公顷。而宁波、温州、嘉兴三地临海开发区单位面积产值均低于平均水平，分别为297.09万元/公顷、275.71万元/公顷、216.84万元/公顷。相关数据可见表6.9。

表6.9 2015年浙江省各沿海城市临海开发区单位产出效益指标

城　市	单位面积生产总值 （万元/公顷）	人均生产总值 （万元/人）	就业人员密度 （人/公顷）
杭州市	2082.50	22.78	91.41
宁波市	297.09	26.98	11.01
温州市	275.71	31.45	8.77
嘉兴市	216.84	16.74	12.95
绍兴市	867.72	24.50	35.42
舟山市	377.00	33.96	11.10
台州市	518.64	35.55	14.59
临海开发区合计	338.80	27.41	12.36
浙江省	40.65	7.76	3.54

二、人均生产总值

根据各临海开发区地区生产总值数据与年末从业人员数，可计算得出各地临海开发区人均生产总值，结果可见图6.2。

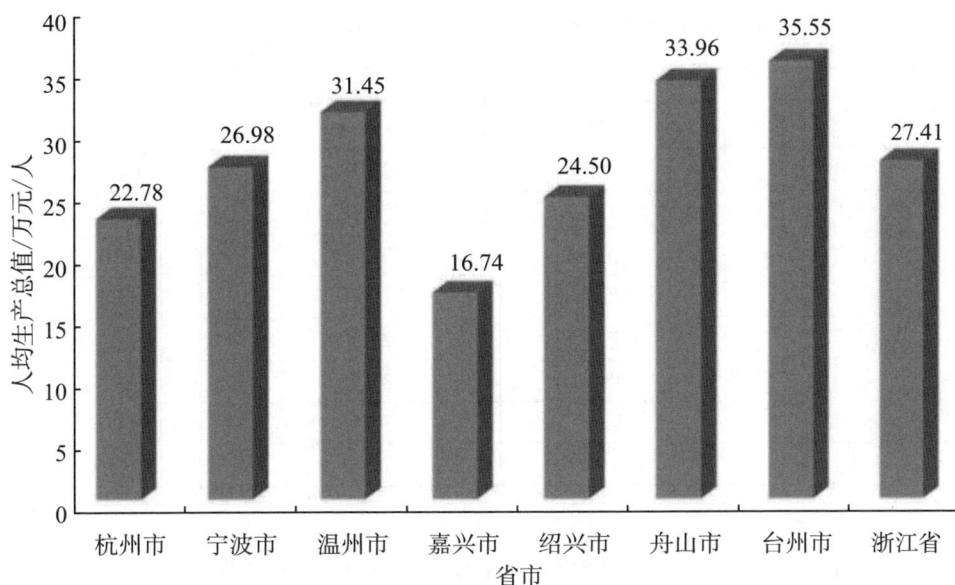

图6.2 2015年浙江省各沿海城市临海开发区人均生产总值

2015年，浙江省全部临海开发区人均生产总值为27.41万元/人。其中，台州市临海开发区的人均生产总值最高，为35.55万元/人；其次是舟山市，达到了33.96万元/人；温州市、宁波市分别为31.45万元/人、26.98万元/人；绍兴市和杭州市人均生产总值相差不大，分别为24.50万元/人和22.78万元/人；而嘉兴市只有16.74亿元/万人，是人均生产总值最低的地区。

三、生产总值贡献度

2015年，浙江省临海开发区共实现生产总值6019.27亿元。其中，宁波市临海开发区生产总值最高，为2577.42亿元，占全省临海开发区生产总值的42.82%；温州市、台州市分别位居第二、第三，分别实现生产总值1105.94亿元、721.67亿元，占比依次为18.37%，11.99%。生产总值规模较小的是杭州市（191.59亿元）、嘉兴市（375.57亿元）、舟山市（438.03亿元）。相关情况可见表6.10。

表6.10　2015年浙江省各沿海城市临海开发区产出与效益情况

城　市	临海开发区生产总值 （亿元）	人均生产总值 （亿元/万人）	年末从业人员数 （万人）
杭州市	191.59	22.78	8.41
宁波市	2577.42	26.98	95.54
温州市	1105.94	31.45	35.16
嘉兴市	375.57	16.74	22.43
绍兴市	609.05	24.50	24.86
舟山市	438.03	33.96	12.90
台州市	721.67	35.55	20.30
总　计	6019.27	27.41	219.59

　　将各地级市地区生产总值和临海开发区地区生产总值进行比较，如图6.3所示，可以看出，宁波市临海开发区对整个地区生产总值的贡献最大，其次是温州市和台州市。而杭州市临海开发区对整个地区生产总值的贡献很小。

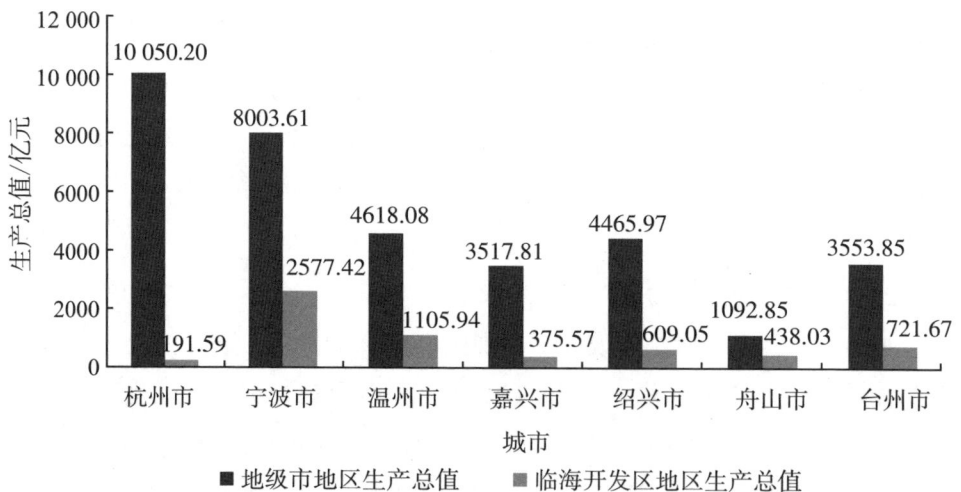

图6.3　2015年浙江省各沿海城市临海开发区产出贡献情况

第四节 | 开发区涉海产业发展特征

临海开发区的涉海产业发展特征分析包括3个方面：涉海企业基本情况、主导产业和海洋战略性新兴产业。其中，涉海企业基本情况主要涉及涉海企业个数、融资情况、科研情况等；主导产业主要涉及各沿海城市的海洋产业、生产能力、生产经营、对外贸易、科技活动和资源利用等；海洋战略性新兴产业主要涉及海洋新能源产业、海洋高端装备制造产业、海水综合利用产业、海洋生物产业和深海矿产产业。

一、开发区涉海企业基本情况

各地级市涉海企业个数、融资情况及科研情况如表6.11所示。

表6.11　2015年浙江省各沿海城市涉海企业基本情况

城　市	涉海企业个数（家）	融资情况		科研情况		
		职工工资收入（万元）	银行贷款（万元）	研发经费支出（千元）	研究人员数（人）	发明专利申请数（项）
杭州市	7223	4 388 905.2	332 156.0	13 876.76	617	15
宁波市	5225	1 055 659.9	5 221 626.4	52 408.46	3989	192
温州市	4889	421 396.7	849 710.7	61 049.05	1882	36
嘉兴市	1420	7 917 341.7	16 893 542.1	27 364.46	1185	23
绍兴市	679	120 940.7	1327 384.3	27 519.55	1444	42
舟山市	2737	666 501.1	5 014 302.2	69 376.68	3077	25
台州市	3258	416 723.6	741 685.6	33 537.59	1990	41
合计	25431	14 987 468.9	30 380 407.3	83 4574.0	14 184	374

由表6.11可以看出，杭州市涉海企业个数是最多的，高达7223个，其次是宁波市和温州市，而嘉兴市和绍兴市的涉海企业个数较少，尤其是绍兴市仅有679个。从涉海企业融资情况来看，嘉兴市涉海企业职工工资收入最高，其次是杭州市、宁波市；但同时嘉兴市涉海企业银行贷款也是最高的，

其次是宁波市和舟山市。

而从科研情况来看，舟山市和温州市涉海企业研发经费支出高于其他地区，其次是宁波市。而杭州市、嘉兴市、绍兴市的涉海企业研发经费均不高，尤其是杭州市。同时，宁波市和舟山市涉海企业研究人员数处于领先位置，但温州市相应的研究人员数却不高，研发经费支出与研究人员数并不能完全相匹配。而杭州市涉海企业研究人员数仅为617人。从产出层面来看，宁波市涉海企业发明专利申请数远多于其他地区，高达192项，而其余地区均不到50项。

总体而言，温州市涉海企业创新效率较低，存在"科研投入资金多、人才少、产出成果少"的问题，创新能力和成果转化水平有待提高。同时，舟山市存在的问题更为严重：科研投入资金多、研究人员多，但相应的科研产出成果少，大量的人力物力投入并没有形成有效产出，创新效率亟待提高。而宁波市涉海企业虽然科研资金投入相对较少，但研究人员数与研究成果数都处于领先位置，涉海企业发明专利申请数远大于其他地区。

二、开发区主导产业分析

在获取各级政府关于临海开发区的规划文件和工作报告的基础上，本部分对全省46个开发区的主导产业基本情况进行分析。浙江省临海开发区的主导产业分布比较集中，主要为制造业。而在制造业里进行细分，又主要归属于电气机械和器材制造业及铁路、船舶、航空航天和其他运输设备制造业等。这说明浙江省各临海开发区同质化情况突出，并没有很好地形成协同发展趋势。

同时，本部分对各临海开发区所在地级市进行整合，分析各地级市临海开发区的生产能力、生产经营、对外贸易、科技活动和资源利用等。

由表6.12可知，浙江省各地级市海洋产业分布均很广泛，尤其是舟山市，海洋产业分布数高达24个；其次是宁波市，这也与其地理位置有很大的关联。而综观各地级市的发展情况，可以看出，不论是地区生产总值、出口额这些代表生产能力、经营情况和对外贸易的指标，还是研究人员数、发明专利申请数这些代表科技活动、资源利用的指标，宁波市都保持领先态势，且优势明显。宁波市充分依托港口和区位优势，积极利用各种资源，优化功能布局，这也是宁波市在各临海开发区的地级市中脱颖而出、成绩斐然的重要原因。

表6.12　2015年浙江省各沿海城市临海开发区综合情况汇总

城　　市	海洋产业分布(个)	地区生产总值(亿元)	出口额(亿美元)	研究经费支出(千元)	研究人员数(人)	发明专利申请数(项)
杭州市	22	191.59	19.92	138 767.6	617	15
宁波市	23	2577.4165	245.62	524 084.6	3989	192
温州市	22	1105.9442	48.39	6 104 905.0	1882	36
嘉兴市	22	375.57	47.66	273 644.6	1185	23
绍兴市	16	609.05	57.44	275 195.5	1444	42
舟山市	24	438.03	19.223	693 766.8	3077	25
台州市	21	721.67	38.65	335 375.9	1990	41

三、开发区海洋战略性新兴产业

基于战略性新兴产业的内涵，将已收集的数据整理归类，可以得到浙江省各地级市的临海开发区海洋战略性新兴产业发展情况，如表6.13所示。其中，海洋环境产业一类因为数据缺失，所以在这里不展开详细叙述。

表6.13　2015年浙江省各沿海城市海洋战略性新兴产业基本情况

城　　市	海洋新能源产业	海洋高端装备制造产业	海水综合利用产业	海洋生物产业	深海矿产产业
	发电量(千瓦时)	本年订货额(万元)	年海水利用(万吨)	销售金额(万元)	销售金额(万元)
杭州市	—	199 555	—	89 375	—
宁波市	588 270 984	497 623	542 591	20 278	161 179
嘉兴市	86 400 000	246 142	956 526	9107	—
绍兴市	—	186 911	—	15 060	—
台州市	137 876 060	852 451	520 863	243 085	4599
温州市	38 621 957	5 369 493	99 876	9288	1278
舟山市	228 901 125	37 440	53 813	9305	70 437

注："—"表示数据缺失。

由表6.13可以看出，杭州市和绍兴市由于地理位置的局限性，在海洋战略性新兴产业的发展中表现得并不突出。宁波市海洋战略性新兴产业的发展表现突出，尤其是海洋新能源产业与深海矿产产业，说明其善于利用海洋风能和海洋能进行电力生产及相关设备制造的生产活动，善于在深海海底区域进行石油天然气、金属矿产等资源勘探开采活动。而温州市则在海洋高端装备制造产业方面表现突出，即善于利用金属和非金属材料制造海洋探测设备。嘉兴市在海水综合利用产业方面表现优越，尤其是对海水的直接利用。台州市则在海洋生物产业方面表现突出。

海洋战略性新兴产业发展对海洋高新科技具有强烈的依赖性，海洋科技的发展趋势在很大程度上决定了海洋战略性新兴产业的重点领域和发展趋势。充分利用国家加快发展战略性新兴产业的有利时机，依托现代海洋科技快速发展，加快促进海洋战略性新兴产业成长为海洋主导产业，应该成为浙江省海洋经济的主要发展方向。

第七章

各市临海开发区发展现状及特征分析

国务院于2011年2月正式批复《浙江海洋经济发展示范区规划》（以下简称《规划》），使浙江省海洋经济发展示范区建设上升为国家战略。《规划》对浙江省发展海洋经济确定的空间新布局是：一核、两翼、三圈、九区、多岛。在这一空间布局中，杭州、宁波、温州、嘉兴、绍兴、舟山、台州7市47个县（市、区）被纳入海洋经济发展示范区。

第一节 | 各市临海开发区发展现状

通过对临海开发区空间资源、经济规模、产出特征、涉海产业等方面的指标进行归纳整理，总结出浙江省7个沿海城市临海开发区的发展现状。

一、杭州市临海开发区发展现状

杭州市的开发区核准面积明显小于其他几个地区，仅为920公顷，占全省开发区核准面积的1%不到，而其填海面积、海岸线长度均为0。杭州市开发区的生产总值规模较小，仅为191.59亿元，但其单位面积生产总值是最高的，高达2082.50万元/公顷。年末从业人员数为8.41万人，人均生产总值为22.78亿元/万人，低于全省临海开发区的平均水平。其固定资产投资额为75.66亿元，而财政收入和税收收入分别为51.55亿元和51.50亿元。进口额和出口额均较低，分别为5.70亿美元和19.92亿美元。但杭州市涉海企业个数是最多的，高达7223个，涉海企业职工工资收入位居7个沿海城市中的第二；而从科研情况来看，杭州市临海开发区水平不容乐观，研发经费支出仅为13 876.76千元，涉海企业研究人员数和发明专利申请数分别为617人和15项，均处于全省最低水平。这说明杭州市临海经济开发区的科研发展相对薄弱，这与其开发区核准面积明显小于其他几个地区等一系列因素有关。

二、宁波市临海开发区发展现状

宁波市的开发区核准面积最大，达到了86 757公顷，占全省开发区核准面积的48.83%；其海岸线长度也是最长的，达82公里，占全省的37.79%；

而填海面积为2264公顷，占比达到了11.82％。宁波市临海开发区的生产总值最高，为2577.42亿元，占全省临海开发区生产总值的42.82％，其单位面积生产总值为297.09万元/公顷。年末从业人员数为95.54万人，人均生产总值为26.98亿元/万人，略低于全省临海开发区的平均水平。宁波市临海开发区固定资产投资额为1516.21亿元，占全省临海开发区固定资产投资额的比重为36.18％；而财政收入和税收收入分别为617.58亿元和773.54亿元，均占全省临海开发区的50％以上。宁波临海开发区的进口规模和出口规模均遥遥领先于其他地区，其进出口额占比分别为77.90％，51.50％。宁波市涉海企业数为5225个，仅次于杭州市。涉海企业职工工资收入位居浙江省7个沿海城市中的第三；而从科研情况来看，宁波市沿海开发区的研究人员数和发明专利申请数分别为3989人与192项。这说明宁波市沿海开发区的科技成果颇丰，科研经费投入转化成了有效产出。

三、温州市临海开发区发展现状

温州市临海开发区核准面积共计40 112公顷，占全省开发区核准面积的22.58％，位于全省第二；而填海面积为4299公顷，占比为22.44％；海岸线长度为42公里。温州市临海开发区生产总值为1105.94亿元，占比为18.37％，位居全省第二，其单位面积生产总值为275.71万元/公顷；年末从业人员数为35.16万人，人均生产总值为31.45亿元/万人，高于全省临海开发区的平均水平。温州市临海开发区固定资产投资额为1049.96亿元，占全省临海开发区固定资产投资额的比重为25.06％，而财政收入和税收收入分别为214.73亿元和155.04亿元；进口额和出口额分别为5.38亿美元和48.39亿美元。但温州市涉海企业数为4889个，位居第三。而从科研情况来看，温州市涉海企业研发经费支出远高于其他地区，但其研究人员数和发明专利申请数均不处于领先地位，说明温州市开发区科技产出效率较低、成果不显著。

四、嘉兴市临海开发区发展现状

嘉兴市临海开发区核准面积共计17 320公顷，占全省开发区核准面积的9.75％，排名全省第三；其填海面积最高，共计10 561公顷，占全省的

55.12%；海岸线长度为7公里。嘉兴市开发区的生产总值规模较小，仅为375.57亿元，其单位面积生产总值为216.84万元/公顷。年末从业人员数为22.43万人，人均生产总值为16.74亿元/万人，是全省临海开发区的最低水平。其固定资产投资额为302.27亿元，而财政收入和税收收入分别为81.29亿元和69.96亿元。进口额和出口额分别为33.68亿美元和47.66亿美元。嘉兴市涉海企业数较少，为1420个，但其涉海企业职工工资收入是最高的。而从科研情况来看，宁波市临海开发区的研究人员数和发明专利申请数分别为1185人与23项。

五、绍兴市临海开发区发展现状

绍兴市临海开发区核准面积较小，仅为7019公顷，占全省开发区核准面积的比例不到4%，而填海面积、海岸线长度分别为400公顷和13公里，分别占全省的2.09%和5.99%。绍兴市临海开发区的生产总值规模为609.05亿元，但其单位面积生产总值位居全省第二，高达867.72万元/公顷。年末从业人员数为24.86万人，人均生产总值为24.50亿元/万人，略低于全省临海开发区的平均水平。其固定资产投资额为580.83亿元，位于全省第三，而财政收入和税收收入分别为93.23亿元和77.95亿元。进口额和出口额分别为12.66亿美元和57.44亿美元，出口额水平位居全省第二。但绍兴市涉海企业个数是最少的，仅为679个，其涉海企业职工工资收入也是最低的。从科研情况来看，绍兴市涉海企业研发经费支出仅为27 519.55千元，但研究人员数和发明专利申请数分别为1444人和42项，科技产出颇丰。

六、舟山市临海开发区发展现状

舟山市临海开发区核准面积为11 619公顷，占全省开发区核准面积的6.54%；由于其本身地理位置，其填海面积较小，仅为29公顷，占全省的0.15%；但海岸线长度为66公里，位居全省第二。舟山市临海开发区的生产总值规模较小，仅为438.03亿元，单位面积生产总值为377.00万元/公顷，略高于全省临海开发区的平均水平。年末从业人员数为12.90万人，人均生产总值为33.96亿元/万人，位于全省第二。其固定资产投资额为286.97亿元，而财政收入和税收收入分别为28.84亿元和26.77亿元，居于全省最低水平。进口额和出口额分别为4.07亿美元和19.22亿美元，均为全省最低水平。舟山市涉海企业数为2737个，而从科研情况来看，其研发经费支出和研究人员数分别为69 376.68千元和3077人，位于全省第二，但其发明专利申请数仅为25项。

七、台州市临海开发区发展现状

台州市临海开发区核准面积为13 915公顷，占全省开发区核准面积的7.83%；而填海面积、海岸线长度分别为1607公顷和7公里，分别占全省的8.39%和3.23%。台州市临海开发区的生产总值规模为721.67亿元，居于全省第三，其单位面积生产总值达518.64万元/公顷，高于全省临海开发区的平均水平。年末从业人员数为20.30万人，人均生产总值高达35.55亿元/万人，居全省第一。其固定资产投资额为378.65亿元，而财政收入和税收收入分别为11.63亿元和41.97亿元，财政收入水平位列全省最低水平。进口额和出口额分别为6.64亿美元和38.65亿美元，进口额水平较低。台州市涉海企业数为3258个，而从科研情况来看，研发经费支出与研究人员数均处于中等水平，但其发明专利申请数高达41项，位居全省第三。

第二节 | 各市临海开发区特征分析

在总结临海开发区发展现状的基础上，本部分结合国家层面、省级层面及市级层面与临海开发区相关的战略规划和政策文件，对浙江省7个沿海城市临海开发区的特征进行梳理，明确各市临海开发区的功能定位。

一、杭州市临海开发区特征分析

在浙江省海洋经济发展总体规划布局中，杭州是"两翼"中环杭州湾产业带和"三圈"中杭州都市经济圈的中心城市。

与其他省内沿海城市相比，杭州市在科技、人才方面具有明显优势。在高等科研院校及企业的共同培养下，杭州市的基础理论研究与海洋产业化应用研究均得到良好发展，产学研所需的海洋科技人才完善，共筑杭州市海洋经济发展新高地。同时，杭州市拥有较完善的海洋金融服务体系，随着"十二五"以来金融创新深入推进，金融服务业中海洋经济元素日渐凸显。新业态、新领域的金融企业必定将不断提供多种服务，更好地支撑杭州市海洋经济发展。以杭州大江东产业集聚区等为代表的杭州市海洋经济聚集地形成了良好的内部协同度，与其他产业形成强关联，有效地提高了海洋产业的集聚程度和协同水平。

虽然杭州市海洋经济发展已具一定优势，但与宁波、温州、舟山等沿海城市相比，其海洋资源拥有量、港口基础条件建设等方面均较为薄弱，尤其是海洋渔业资源、矿产、石油等资源几乎空白。由于浅滩等客观现实原因，杭州市现有航道的通航能力也不具优势，从而制约涉海制造业的进一步拓展。同时，由于杭州市海洋经济工作尚处起步阶段，认知仍不完备，海洋经济产业开发与发展空间挖掘也尚处起步阶段。

二、宁波市临海开发区特征分析

宁波市作为浙江省海洋经济发展的典型示范区，海洋资源丰富，区位优势显著，滨海旅游发展迅猛，海洋科技产业兴起。

宁波市拥有丰富的海洋资源，临港工业区初具规模，沿海临港产业带逐步形成，并走上高科技化、集约化的发展道路。宁波市港口基础条件建设完备，海洋港航业发展良好，港航相关企业种类齐全，港口运输能力和生产能力不断提升。同时，宁波市滨海旅游发展迅猛，邮轮、海钓等旅游新业态涌现，前景一片光明。在产学研合作下，企业培育了以中国电子科技集团海洋电子研究院为代表的20余个企业研究院，高校逐步形成10余个海洋特色专业。宁波市海洋科技支撑体系日趋完整，海洋经济转型升级，海洋高科技产业效益明显。

与此同时，宁波市海洋经济发展质量并不高，发展速度也逐步放缓。随着现阶段海洋经济的发展与资源开采，海洋生态系统环境不容乐观。

三、温州市临海开发区特征分析

温州市作为连接长江三角洲与海峡西岸经济区的重要枢纽城市，具有突出的区位优势与地理优势，海洋资源十分丰富，计划实现"一核一轴、四区多岛"的空间布局。

作为改革开放的先行区、民营经济的发祥地，温州市拥有良好的政策优势与灵活的市场机制。"十三五"期间，温州市产城融合势头良好，一大批省级、市级海洋经济特色小镇涌现。临港工业、海洋渔业等传统优势产业持续稳定发展，以海洋先进装备制造业、海洋医药与生物制品业为代表的新兴产业也不断发展壮大，涉海服务业进一步融合发展。一大批重点涉海项目在温州市落地生根，昔日荒凉的滩涂转变为炙手可热的投资之地，为民营经济可持续发展注入新的"活力素"。加上近些年来，水利、电力及临岸环保基础设施日渐完备，有力地支撑着温州市海洋经济发展。

虽然温州市海洋经济已具备一定规模，但"以港兴市"举措不力，人们对海洋经济的认识仍停留在较浅阶段。海洋经济"低""小""散"特点突出，难以形成有代表性、具有温州特色的海洋经济规模。海洋科技创新能力不足也是制约温州市海洋经济后续发展的关键因素，同时具有更大发展潜力、可持续发展性强的海洋新兴产业相对不足，它们对温州市海洋经济发展的贡献度较低。海洋环境质量问题没有得到很好的重视，船舶油污染十分严重，海水养殖业自身带入的污染等制约温州市海洋经济可持续发展。

四、嘉兴市临海开发区特征分析

作为浙江省建设海洋经济发展示范区北翼布局的重要部分的嘉兴市，以港航物流、海运和航运服务共筑的港航物流服务"三位一体"，成为其海洋经济发展的最大特征。

优越的地理位置、狭长的港口岸线，都成为嘉兴市发展海洋经济至关重要的因素。同时，嘉兴市实现沿海港口与内河的无缝连接，内河港货物吞吐量在全国名列前茅，海洋经济的快速发展带动陆域经济的持续发展。以海洋生物医药业等为代表的海洋新兴产业逐步兴起，海洋生物及其制品日渐成为重点建设对象。而海洋清洁能源产业等可持续发展产业也初具规模，为嘉兴市海洋经济转型升级提供新动能。

然而，随着经济社会的快速发展，嘉兴市海洋资源过度消耗问题日渐凸显，填海造地、过度开发等现象越来越严重。同时，海洋科技创新能力不足，海洋经济仍停留在粗放型开发的初始阶段，具有嘉兴特色的海洋产业缺失。海洋渔业以基础养殖、捕捞为主，高附加值的深加工产业不足，与传统渔业城市存在巨大差距，港口可开发利用程度不高。基础环境设施建设落后、人们对海洋环境保护意识缺失等也进一步加重嘉兴市的海域污染。

五、绍兴市临海开发区特征分析

绍兴市率先进行滨海新城开发建设，滨海产业集聚区成功地被列入浙江省海洋经济发展总体布局重点规划之一。

与其他城市相比，绍兴市海域面积不大，临海开发区个数不多，港口经济不占优势。但其从业人数和固定资产投资方面均处于较高水平，关键在于构建"海陆联动"的绍兴特色海洋经济。绍兴市依托发展海洋经济的契机，吹响"纺织业向海洋要资源"的号角，实现了传统支柱产业——纺织业的转型升级。其优越的地理位置、完善的基础配套设施等出色的自身优势，有力地支撑着绍兴市海洋经济的发展。海洋生物医药制品、海洋新材料制造等海洋新兴产业发展势头良好，具备一定的竞争优势。涉海产业日渐兴起，绍兴市在打造全省海陆联动发展示范区的道路上持续前进。

但由于受自身地理条件的制约，绍兴市海洋资源环境基础处于劣势地位，与舟山市、宁波市等存在较大差距。相比浙江省海洋经济发展的其他产业聚集区，绍兴市滨海产业集聚区并不直接靠海，存在较大的发展局限。绍兴市须科学考量自身优势，才能实现海洋经济的可持续发展、产业结构的转型升级。

六、舟山市临海开发区特征分析

舟山市作为国家首批海洋经济创新发展示范城市，是海洋经济大市，也是长江流域、长江三角洲对外开放的重要通道。

舟山市海域辽阔，海洋资源十分丰富，拥有全国屈指可数的天然深水港，极具区位优势和资源优势，开发利用潜力无限。围绕海洋生物业与海洋高端装备业两大产业，加快推进海洋产业转型升级；通过对大数据、物联网等科学技术的合理运用，实现对传统产业、行业的优化改造，一大批高新技术涉海企业先后崛起。在传统产业的基础上，舟山市滨海旅游业已具一定规模，每年都接待大量的游客。舟山市正以全域旅游的模式，不断推进产业融合，进而助推早日形成海上花园城市。

在海洋经济高速发展的今天，舟山市海洋经济保护问题日渐棘手也是不争的事实。入海污染物急剧增加、过度捕捞等现象导致生态环境急剧恶化，渔业资源严重衰退。实现海洋经济与海洋环境保护齐头并进成为舟山市后续发展的重点，也是难点。同时，舟山市海洋人才规模与质量制约了海洋经济的高质量发展。

七、台州市临海开发区特征分析

台州市依照"一港三湾诸岛"的总体布局、"两基地两区"的发展定位，主动接轨东部沿海，深度融入长江三角洲地区，打造"一带一路"倡议枢纽的重要节点。

台州市具有得天独厚的港口资源优势，以港口建设为重点，以口岸服务为支撑，湾区经济和临港产业发展势头良好。"十三五"期间，台州市海洋经济重大建设项目层出不穷。其中，港航物流体系工程方面的项目多，物流航运服务平台建设不断加强。依托三门湾区及沿海地域，不断建设海洋清洁能源产业，全面推进核电、潮汐电、风电项目建成。海洋渔业产业进一步实现转型升级，滨海旅游、特色小镇吸引力强，促进台州市海洋产业结构不断优化。

但整体而言，台州市海洋经济总量不大、结构不优，海洋科技创新能力也有待提高；海洋经济仍停留在粗放型开发的初始阶段，具有发展潜力且能可持续发展的海洋新兴产业不足，仍属于海洋经济发展不充分地区。

第八章

浙江省临海开发区专题研究

本章利用统计模型对浙江省临海开发区的发展状况进行分析评估，包括4个主题：临海开发区综合发展水平测算与分析、临海开发区投入产出效率测算及分析、临海开发区聚集度与开发区产出的关联分析和临海开发区科技创新水平综合评价。本章还分别对临海开发区的发展水平、发展质量、规模效应、科技水平进行了评价与分析。

第一节 | 临海开发区综合发展水平测算与分析

为准确地反映临海开发区的综合发展水平，需要全面考虑临海开发区经济发展的各个方面，其发展规模、发展速度、对外贸易等均对临海开发区的发展水平有所影响。因此，本部分构建包含经济总量、结构、增速和质量4个子系统的综合评价指标体系，利用熵权法赋权，计算得到46个临海开发区（或34个沿海地带或7个沿海城市）经济发展水平得分，给出排序结果。

一、分析模型与方法

本部分采用效用函数评价模型，对浙江省临海开发区综合发展水平进行综合评价，计算公式如下：

$$E_i = \sum \rho_j z_{ij} \tag{8-1}$$

其中，E_i表示第i年的浙江省临海开发区经济综合发展指数，该指数越高，说明其状态越好。ρ_j表示第j个测算指标的权重，z_{ij}表示第i年的第j个指标的无量纲化数值。

二、实际测算

（一）数据来源

本模型的基础数据来自《中国海洋统计年鉴》《浙江统计年鉴》《宁波统计年鉴》等统计资料及各地区政府工作报告和相关政府文件。测算经济综合发展水平时，在考虑数据可获得性的基础上，选取地区生产总值、年末从业人员、固定资产投资额、进出口总额4项规模指标及人均生产总值、单位面

积生产总值、海外贸易贡献率3项效率指标。其中，进出口总额等于出口额
与进口额的差值；海外贸易贡献率为进出口总额与地区生产总值的比值；人
均生产总值按照地区生产总值与开发区年末从业人员数的比值进行估算；单
位面积生产总值为地区生产总值与开发区核准面积的比值。

由于部分临海开发区数据不全，分析中暂不考虑。剔除数据缺失的临海
开发区后，得到28个数据完整的临海开发区样本，结果如表8.1、表8.2所示。

表8.1　28个临海开发区综合发展水平规模指标

开发区名称	地区生产总值(亿元)	年末从业人员(万人)	固定资产投资额(亿元)	进出口总额(亿美元)
宁波石化经济技术开发区	430.00	2.70	124.00	14.80
浙江余姚经济开发区	265.17	3.13	89.94	11.28
浙江普陀经济开发区	427.10	6.1358	193.00	20.57
宁波大榭开发区	256.70	5.04	78.02	27.045
浙江杭州湾上虞经济技术开发区	176.00	3.702	178.00	10.62
浙江瑞安经济开发区	584.63	13.55	242.38	21.64
浙江岱山经济开发区	10.93	0.32	3.87	0.363
宁波保税区	134.00	4.05	3.58	101.12
浙江乍浦经济开发区	125.98	3.97	104.46	19.88
宁波杭州湾经济技术开发区	291.50	9.70	330.30	18.20
宁波经济技术开发区	773.00	29.70	558.00	178.00
浙江嘉兴出口加工区	2.10	0.086	2.10	12.30
浙江柯桥滨海工业区	141.96	6.00	152.57	11.68
萧山经济技术开发区	191.59	8.41	75.66	25.62
浙江海盐经济开发区	42.14	2.04	61.63	6.11
浙江上虞经济开发区	73.68	3.60	71.15	15.15
袍江经济技术开发区	217.41	11.56	179.11	32.65
浙江镇海经济开发区	76.47	4.81	36.90	36.86
浙江海宁经编产业园区	45.40	3.30	24.26	9.70
浙江乐清经济开发区	270.784	19.835	493.861	20.476
浙江海宁经济开发区	58.99	4.54	56.71	7.77
浙江平湖经济开发区	100.96	8.493	53.11	25.58
宁波鄞州经济开发区	24.268	2.097	34.51	4.91
浙江宁波出口加工区	30.00	2.80	3.12	30.50

续　表

开发区名称	地区生产总值(亿元)	年末从业人员(万人)	固定资产投资额(亿元)	进出口总额（亿美元）
浙江慈溪滨海经济开发区	62.468	5.977	98.24	17.439
浙江温岭经济开发区	39.90	4.00	31.40	0.076
浙江奉化经济开发区	74.08	7.74	55.42	22.72
浙江慈溪出口加工区	46.08	17.80	0.695	10.96

表8.2　28个临海开发区综合发展水平效率指标

开发区名称	人均生产总值（元/人）	单位面积生产总值(亿元/公顷)	海外贸易贡献率
宁波石化经济技术开发区	1 592 592.59	0.108	0.034
浙江余姚经济开发区	847 188.50	0.453	0.043
浙江普陀经济开发区	696 078.75	0.046	0.048
宁波大榭开发区	509 325.40	0.087	0.105
浙江杭州湾上虞经济技术开发区	475 482.91	0.176	0.060
浙江瑞安经济开发区	431 461.25	0.045	0.037
浙江岱山经济开发区	341 562.50	0.099	0.033
宁波保税区	330 864.20	0.583	0.755
浙江乍浦经济开发区	317 329.97	0.023	0.158
宁波杭州湾经济技术开发区	300 515.46	0.012	0.062
宁波经济技术开发区	260 269.36	26.115	0.230
浙江嘉兴出口加工区	245 327.10	0.016	5.857
浙江柯桥滨海工业区	236 600.00	0.142	0.082
萧山经济技术开发区	227 812.13	0.208	0.134
浙江海盐经济开发区	206 568.63	0.004	0.145
浙江上虞经济开发区	204 666.67	0.045	0.206
袍江经济技术开发区	188 070.93	0.065	0.150
浙江镇海经济开发区	158 981.29	0.019	0.482
浙江海宁经编产业园区	137 575.76	11.266	0.214
浙江乐清经济开发区	136 521.82	0.017	0.076
浙江海宁经济开发区	129 933.92	0.101	0.132
浙江平湖经济开发区	118 879.97	6.236	0.253

开发区名称	人均生产总值 (元/人)	单位面积生产总 值(亿元/公顷)	海外贸易贡献率
宁波鄞州经济开发区	115 712.11	0.016	0.202
浙江宁波出口加工区	107 142.86	0.100	1.017
浙江慈溪滨海经济开发区	104 514.30	0.078	0.279
浙江温岭经济开发区	99 750.00	0.011	0.002
浙江奉化经济开发区	95 710.59	0.008	0.307
浙江慈溪出口加工区	25 887.64	0.658	0.238

由表8.1、表8.2我们可以看出，由于各临海开发区地理位置、核准面积、区位优势等方面存在显著差异，其发展水平、发展模式也大不相同。

宁波杭州湾经济技术开发区的核准面积最大，为23 500公顷，其次是浙江乐清经济开发区。而浙江海宁经编产业园区的核准面积最小，仅为4.03公顷。

从地区生产总值规模来看，宁波经济技术开发区和浙江瑞安经济开发区处于领先位置，尤其是宁波经济技术开发区的地区生产总值高达773.00亿元。而宁波鄞州经济开发区等临海开发区的生产总值均不到30亿元，尤其是浙江嘉兴出口加工区，仅为2.10亿元。

宁波经济技术开发区和宁波保税区的进出口总额远高于其他临海开发区，分别为178.00亿美元和101.12亿美元。浙江海宁经编产业园区、浙江海宁经济开发区等临海开发区的进出口总额均不足10亿美元。从净出口角度来看，情况又有所不同。袍江经济技术开发区和浙江乐清经济开发区的净出口额较高，分别为19.97亿美元和19.22亿美元，存在贸易顺差。但也有不少地区的净出口额为负值，存在贸易赤字，尤其是浙江乍浦经济开发区和宁波经济技术开发区，净出口额分别为−13.00亿美元和−26.00亿美元。

在人均生产总值层面上，宁波石化经济技术开发区远远领先于其他临海开发区，其次是浙江余姚经济开发区和浙江普陀经济开发区。而浙江温岭经济开发区、浙江奉化经济开发区和浙江慈溪出口加工区的人均生产总值较低，均不足10万元，尤其是浙江慈溪出口加工区，仅为25 887.64元，远远低于其他地区。

宁波经济技术开发区、浙江海宁经编产业园区和浙江平湖经济开发区的单位面积生产总值远高于其他临海开发区，分别为26.115亿元/公顷、11.266亿元/公顷和6.236亿元/公顷，而浙江奉化经济开发区和浙江海盐经济开发区的单位生产总值不足0.01亿元/公顷。

在海外贸易贡献率方面，浙江嘉兴出口加工区和浙江宁波出口加工区的海外贸易贡献率较大，说明这些地区的经济发展在很大程度上依赖于进出口。浙江瑞安经济开发区、宁波石化经济技术开发区、浙江岱山经济开发区和浙江温岭经济开发区等的海外贸易贡献率较低，说明这些地区的经济发展与进出口关系较弱。

（二）测算结果

利用熵权法，分别计算得到28个临海开发区在规模层面和效率层面上经济发展水平综合得分，具体如表8.3、表8.4所示。

表8.3　临海开发区经济发展规模综合得分

开发区名称	得　分	开发区名称	得　分
宁波经济技术开发区	1	浙江乍浦经济开发区	0.1486
浙江乐清经济开发区	0.4965	浙江慈溪出口加工区	0.1422
浙江瑞安经济开发区	0.4270	浙江奉化经济开发区	0.1350
宁波杭州湾经济技术开发区	0.3510	浙江慈溪滨海经济开发区	0.1341
浙江普陀经济开发区	0.3037	浙江镇海经济开发区	0.1303
袍江经济技术开发区	0.2839	浙江上虞经济开发区	0.1051
宁波石化经济技术开发区	0.2381	浙江海宁经济开发区	0.0871
宁波保税区	0.2286	浙江宁波出口加工区	0.0755
宁波大榭开发区	0.1940	浙江海盐经济开发区	0.0660
萧山经济技术开发区	0.1912	浙江海宁经编产业园区	0.0613
浙江杭州湾上虞经济技术开发区	0.1860	浙江温岭经济开发区	0.0523
浙江柯桥滨海工业区	0.1783	宁波鄞州开发区	0.0448
浙江余姚经济开发区	0.1658	浙江嘉兴出口加工区	0.0202
浙江平湖经济开发区	0.1515	浙江岱山经济开发区	0.0063

由表8.3可以看出，宁波经济技术开发区的经济发展水平得分在所有临海

开发区中排名最靠前，且远高于其他临海开发区；其次是浙江乐清经济开发区。这说明这些临海开发区经济发展规模在所有开发区中处于领先位置。处在排名前10位的临海开发区中，归属于宁波市的有5个，说明宁波市临海开发区的建设成绩相当突出。而浙江海宁经济开发区等8个临海开发区得分较低，均不到0.1，说明这些临海开发区经济发展规模与其他地区差距悬殊，有待提高。

表8.4　临海开发区经济发展效率综合得分

开发区名称	得　分	开发区名称	得　分
宁波经济技术开发区	0.5787	浙江慈溪出口加工区	0.0274
浙江嘉兴出口加工区	0.3556	萧山经济技术开发区	0.0263
浙江海宁经编产业园区	0.2569	浙江岱山经济开发区	0.0263
浙江平湖经济开发区	0.1522	浙江上虞经济开发区	0.0254
宁波石化经济技术开发区	0.1156	浙江慈溪滨海经济开发区	0.0232
宁波保税区	0.0775	宁波杭州湾经济技术开发区	0.0232
浙江余姚经济开发区	0.0702	浙江奉化经济开发区	0.0227
浙江宁波出口加工区	0.0667	浙江柯桥滨海工业区	0.0226
浙江普陀经济开发区	0.0513	袍江经济技术开发区	0.0214
宁波大榭开发区	0.0422	浙江海盐经济开发区	0.0212
浙江杭州湾上虞经济技术开发区	0.0390	宁波鄞州经济开发区	0.0183
浙江镇海经济开发区	0.0376	浙江海宁经济开发区	0.0170
浙江瑞安经济开发区	0.0318	浙江乐清经济开发区	0.0124
浙江乍浦经济开发区	0.0302	浙江温岭经济开发区	0.0054

由表8.4可以看出，宁波经济技术开发区的经济发展效率得分在所有临海开发区中排名最靠前，其次是浙江嘉兴出口加工区和浙江海宁经编产业园区；而宁波鄞州经济开发区、浙江海宁经济开发区、浙江乐清经济开发区和浙江温岭经济开发区的得分较低，均不到0.02，说明这些临海开发区经济发展效率与其他地区差距悬殊，有待提高。

宁波经济技术开发区不管在经济发展规模还是效率层面上，都名列榜首，说明其发展水平远远领先于其他临海开发区，值得各临海开发区学习与借鉴。而浙江乐清经济开发区等临海开发区的经济发展规模排名靠前，其经济发展效率排名却十分靠后，反映其发展模式有待优化，应更注重发展效率。

不同临海开发区的成立时间不同，地理位置、发展优劣势及发展类型等也各不相同。但其发展水平的悬殊程度，反映了许多临海开发区现今发展模式存在的不足之处。若想让处于落后位置的临海开发区迎头赶上，并让处在相对领先位置的临海开发区更进一步，须对这些临海开发区做全面的优劣势、类型对比分析。

（三）优劣势分析

根据表8.1中所展示的有关28个临海开发区经济发展规模指标的数据，在对数据进行标准化处理之后，运用SAS软件进行Ward聚类，对28个临海开发区进行归类。结果如图8.1所示。

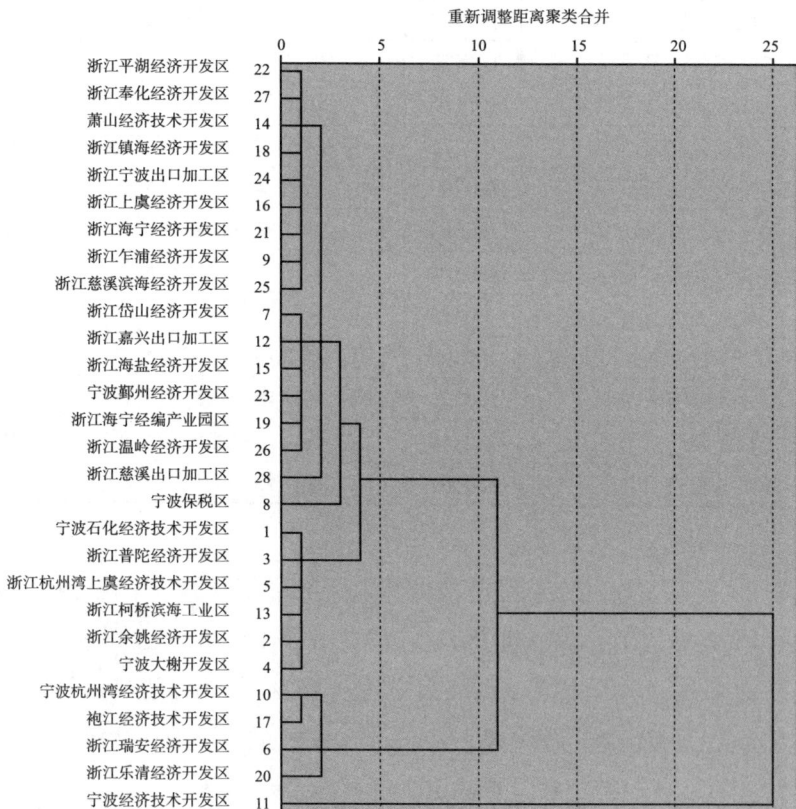

图8.1　聚类分析结果

由图8.1可知，上述28个临海开发区共可分为4类。

第一类：宁波经济技术开发区（发展水平突出）。

第二类：浙江乐清经济开发区、浙江瑞安经济开发区、袍江经济技术开发区、宁波杭州湾经济技术开发区（发展水平较高）。

第三类：宁波大榭开发区、浙江余姚经济开发区、浙江柯桥滨海工业区、浙江杭州湾上虞经济技术开发区、浙江普陀经济开发区、宁波石化经济技术开发区（发展水平一般）。

第四类：宁波保税区、浙江慈溪出口加工区等17个临海开发区（发展水平落后）。

将发展水平突出、发展水平较高、发展水平一般、发展水平落后的各临海开发区按其所属地级市进行归类，如图8.2所示。可以看出，发展水平突出和发展水平较好的临海开发区主要集中在宁波市、温州市和绍兴市。其中，温州市所有临海开发区的发展水平均较好。而嘉兴市和杭州市各临海开发区的发展水平均处于相对落后状态，表现不佳。舟山市的两个临海开发区的发展水平分别处于发展水平一般和发展水平落后状态。

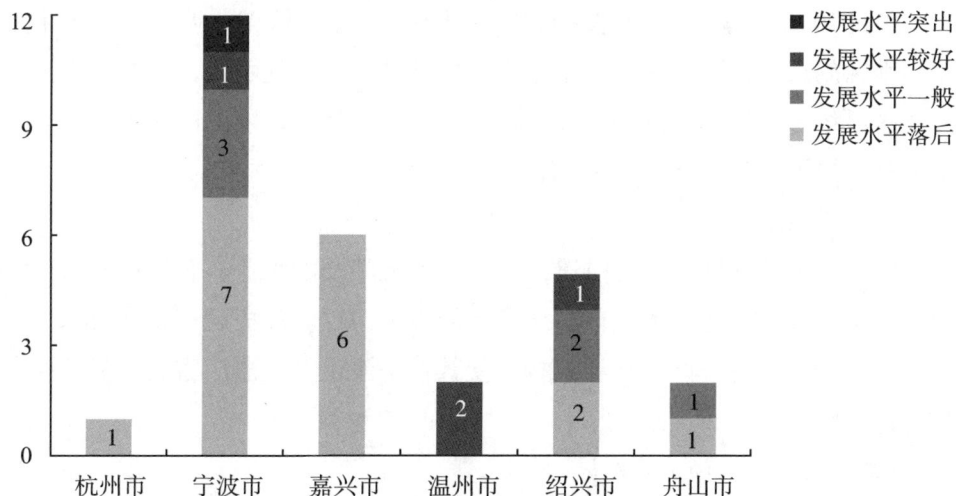

图8.2 按地级市归类

三、对策研究

根据临海开发区综合发展水平的测算结果，结合各临海开发区发展特色，选取部分有代表性、发展势头良好的临海开发区，就其区位优势、经济发展、功能定位等方面展开研究，分析其发展模式，为其他临海开发区提供借鉴之处。

（一）宁波经济技术开发区

宁波经济技术开发区作为我国最早建成、面积最大的国家级开发区之一，在全省乃至全国开发区的综合评比中都位居前列。这一成效是多方面促成的。

1. 区位优势

宁波经济技术开发区毗邻上海，地处沿海经济带与长江经济带"T"形中心位置。紧临北仑港，岸线狭长，海洋资源丰富，人才优势、信息优势、资金优势均十分明显。对外可凭借北仑港接通国际市场，是外商进入浙江省乃至中国市场的便利桥梁；对内可凭借宁波开发区接通长三角及内地市场，是渗透内地市场的重要门户。

2. 经济发展

经过20余年的发展，宁波经济技术开发区已初具框架，吸引了近40个国家与地区的投资，现代化临港工业产业群已具规模。现阶段，宁波经济技术开发区已经形成良性循环的软硬投资环境，利用外资，以出口为主导，成为对外开放的领头羊和龙头，发挥先行、辐射和带动的作用。

3. 功能定位

宁波经济技术开发区现阶段已引入一大批涉及能源业、石化业和以生物化工、信息技术为主导的高新技术产业的重大项目。建成后，将从根本上改变宁波经济技术开发区的产业结构，使其在宁波市乃至浙江省的经济发展中更具拉动作用。

（二）浙江乐清经济开发区

1. 区位优势

浙江乐清经济开发区总规模面积达28.12平方公里，北接乐清市中心区，西联柳白经济圈；不仅拥有高速公路出口和104国道，还拥有万吨泊位港口，交通十分便利。浙江乐清经济开发区以其出色的区位优势，成为温台沿海经济产业带极为关键的组成部分。

2. 经济发展

浙江乐清经济开发区经过 10 余年的建设，已成为温台沿海经济产业带的中心，也是温州市北翼经济发展的核心。开发区以其优越的基础设施和交通环境，吸引了大量内外投资，已成为乐清市对外开放、内源发展的重要载体。

3. 功能定位

浙江乐清经济开发区瞄准电工电气业、高端装备制造业等战略性新兴产业，以产业平台建设为抓手，不断推进经济高质量发展。现阶段，开发区实施招商引资、招才引智并进的"双招双引"工程，不断完善科技创新平台，区域创新活力逐步迸发，企业实现进一步转型升级。

（三）宁波杭州湾经济技术开发区

1. 区位优势

宁波杭州湾经济技术开发区地处上海、宁波、杭州、苏州多市的交汇点，是宁波市融入长三角经济区的重要门户。宁波杭州湾经济技术开发区因其优越的区位环境，富含各种自然资源，成为长三角经济圈中极具潜力的战略要地。

2. 经济发展

宁波杭州湾经济技术开发区作为宁波市发展中心区域，大力发展以高端装备业、高性能新材料制造业等为代表的战略性新兴产业。同时，开发区突出生态理念，经过多年发展已成为长三角亚太国际门户的中枢，也是浙江省现代产业发展基地。

3. 功能定位

宁波杭州湾经济技术开发区作为具备独立功能的城市核心，其南部新城与北部滨海新城在功能上互补，战略性新兴产业集聚发展，现阶段已初具规模，被并称为新区的"双中心"。开发区突出长三角旅游定位，同时进一步提升金融集聚能力，致力于打造集文化、科技、生活于一体的国际化新区。

（四）浙江普陀经济开发区

1. 区位优势

浙江普陀经济开发区西临海滨丘陵，东与普陀山和朱家尖隔海相望，海陆交通都十分便利。近年来，其旅游业兴起，已成为舟山市海上旅游的重要枢纽与组成部分。

2. 经济发展

浙江普陀经济开发区以其优惠的政策吸引投资者，以其优质的服务留住投资者。开发区抢抓发展机遇，着力推进临港装备制造业和海洋生物业两大循环经济产业链。

3. 功能定位

浙江普陀经济开发区主要依靠技术与体制"双创新"，不断推进建设综合新兴工业区，成为全区的产业发展与招商引资的领头羊。同时，以其出色的区位优势，打造海洋物流、水产品精加工与临港石化生产基地。下一步，开发区将加快项目推进，打造普陀区经济增长的新引擎，并以科技创新为引领，加快转型升级，起到引领与示范的作用。

（五）浙江瑞安经济开发区

1. 区位优势

浙江瑞安经济开发区地处瑞安市区，地理位置优越，兼具水、陆、空的优势。开发区位于浙南、闽北的交界，市场广阔，贸易便利。

2. 经济发展

浙江瑞安经济开发区率先发展市场经济，现代化建设基础良好，近年来不断加大对进区企业的投资，鼓励创办外商投资、外向规模型企业，使工贸一体，第二、三产业协调发展。现阶段，其以高分子材料及其制品等五大产业为主导的发展模式，成为瑞安市经济发展活力、实力、潜力兼备的经济增长点。

3. 功能定位

浙江瑞安经济开发区按照"产城联动、两轮驱动"的定位，不断提高配套设施建设，加快从工业型开发区向"产、城一体化"开发区转变。同时，开发区谋划小微企业招商引资，解决其空间瓶颈，发挥市场经济发达的优势与政策便利，打造以工业为主导的生态型综合城市新区。

（六）浙江海宁经编产业园区

浙江海宁经编产业园区以服务为导向，成功探索引领新发展的"海宁经验"，走上具备区域特色的"海宁道路"，成为我国四大经编产业集群之一。

1. 区位优势

浙江海宁经编产业园区地处长江三角洲南部,毗邻钱塘江,是连接杭州市、上海市的重要桥梁。其自然条件非常优越,交通十分便利,成为高速与双轴向经编机的集中地。

2. 经济发展

浙江海宁经编产业园区经过多年发展,不断致力于转型升级,实现从传统服装行业向新材料产业变革。近年来,园区牢抓服务主线,以政府为引导,以企业为主体,联合高校科研院所,引进贸易、技术人才,聚焦创新新动能,有力地推动经编产业集群高质量发展。

3. 功能定位

现阶段,海宁经编产业园区已形成较大规模的经编经济群,规模效应明显。产业园区凭借进出宽松的行业环境、良好的产业基础,使经编产业在良性竞争中,实现技术水平、产品质量和档次的全方位提升。

第二节 | 临海开发区投入产出效率测算与分析

为科学地评估临海开发区发展质量,在选取适当的投入产出指标的基础上,本部分利用DEA方法,对2015年浙江省11个临海开发区的投入产出效率进行测算。

一、分析模型与方法

现阶段国内主要采用比率分析法、回归分析法、层次分析法和DEA方法等,对效率水平进行衡量与评价。20世纪90年代后,DEA模型或SBM模型被越来越多地运用在效率评价问题的研究中。但由于非期望数据缺失,本部分不选用SBM模型。结合可获数据与临海开发区投入产出效率内涵,本部分利用DEA模型测算临海开发区的投入产出效率。首先选定投入指标和产出指标,同时消除价格因素影响得到可比数据;其次利用DEA模型,测算各临海开发区的投入产出效率。

若衡量某一决策单元 j_0 是否DEA有效，即是否处于由包络线组成的生产前沿面上，必须先构造一个由 n 个决策单元组成（线性组合成）的假想决策单元。假设该假想单元的各项产出均不低于 j_0 决策单元的各项产出，假想单元的各项投入均低于 j_0 决策单元的各项投入，即 j_0 满足以下的数学模型：

$$
\begin{cases}
\sum_{j=1}^{n} \lambda_j y_{rj} \geq y_{rj0} & (r=1, 2, \cdots, s) \\
\sum_{j=1}^{n} \lambda_j x_{ij} \geq E x_{ij0} & (r=1, 2, \cdots, m, E<1) \\
\sum_{j=1}^{n} \lambda_j = 1, \ \lambda_j \geq 0 & (j=1, 2, \cdots, n)
\end{cases}
\quad (8-2)
$$

则说明 j_0 决策单元不处于生产前沿面上，即 j_0 非DEA有效。

二、实际测算与分析

（一）数据来源

本模型的基础数据来自《中国海洋统计年鉴》《浙江统计年鉴》《宁波统计年鉴》等统计资料及各地区政府工作报告和相关政府文件。测算投入一般需要考虑3个方面的投入，包括资源投入、资本投入及劳动力投入。其中，资源投入需考虑体现临海开发区自身优势的指标，如海岸线长度指标；资本投入可考虑固定资产投资指标；劳动力投入可选择从业人员数作为指标。测算产出一般需要考虑两个方面的产出，包括期望产出和非期望产出，其中期望产出可考虑开发区地区生产总值指标，非期望产出可考虑排污指标。但由于提供数据的局限性，开发区或县级排污数据缺失，本模型中只考虑期望产出，采用DEA模型进行测算。

根据数据的可获得性，并结合各临海开发区是否拥有海岸线，选取宁波大榭开发区、宁波石化经济技术开发区等11个临海开发区作为投入产出效率分析的样本，如表8.5所示。

表8.5　浙江省临海开发区投入产出指标

开发区名称	地区生产总值(亿元)	年末从业人员数(万人)	固定资产投资额(亿元)	海岸线长度(公里)
宁波大榭开发区	256.7	5.04	78.02	40.62
宁波石化经济技术开发区	430	2.7	124	16
宁波鄞州经济开发区	24.27	2.10	34.51	8.06
浙江慈溪滨海经济开发区	62.47	5.977	98.24	13
浙江奉化经济开发区	74.08	7.74	55.42	4.6
浙江瑞安经济开发区	584.63	13.55	242.38	18.5
浙江海盐经济开发区	42.14	2.04	61.63	7
浙江杭州湾上虞经济技术开发区	176	3.7015	178	13
浙江普陀经济开发区	427.1	6.14	193	40
浙江岱山经济开发区	10.93	0.32	3.87	0.17
浙江头门港经济开发区	38.4	1.65	55.7	7

其中，投入指标选用"海岸线长度"（资源投入）、"固定资产投资额"（资本投入）、"年末从业人员数"（劳动力投入）等；产出指标选用"地区生产总值"（期望产出）。

（二）测算结果

运用DEA2.1软件，将浙江省各临海开发区的投入产出数据代入BCC-DEA数据包络模型，计算后得到表8.6。

表8.6　投入产出效率评价结果

开发区名称	综合效率	纯技术效率	规模效率	规模收益
宁波大榭开发区	0.949	0.953	0.996	irs
宁波石化经济技术开发区	1.000	1.000	1.000	–
宁波鄞州经济开发区	0.203	0.223	0.910	irs
浙江慈溪滨海经济开发区	0.183	0.190	0.966	irs
浙江奉化经济开发区	0.428	0.500	0.858	drs
浙江瑞安经济开发区	0.806	1.000	0.806	drs
浙江海盐经济开发区	0.204	0.244	0.837	irs
浙江杭州湾上虞经济技术开发区	0.460	0.479	0.960	drs

开发区名称	综合效率	纯技术效率	规模效率	规模收益
浙江普陀经济开发区	0.638	0.638	1.000	–
浙江岱山经济开发区	1.000	1.000	1.000	–
浙江头门港经济开发区	0.200	0.288	0.694	irs
平均值	0.552	0.592	0.912	–

注："–"表示规模收益不变，drs表示规模收益递减，irs表示规模收益递增。

1. 效率分析

2015年，浙江省各临海开发区中宁波石化经济技术开发区、浙江岱山经济开发区的综合效率为1，即实现技术有效，占总体比重的18.18％，说明这两个临海开发区投入产出比例合适。其他各临海开发区的综合效率小于1，未达到技术有效。各临海开发区综合效率平均值为0.552，有6个临海开发区低于该值。宁波鄞州经济开发区、浙江慈溪滨海经济开发区、浙江海盐经济开发区和浙江头门港经济开发区的综合效率较低。

从纯技术效率上看，平均水平为0.592。其中3个临海开发区的纯技术效率为1，达到了纯技术有效，占总体比重的27.27％，除去DEA综合效率有效的两个临海开发区，还包括浙江瑞安经济开发区。而几个临海开发区中纯技术效率最小值是0.190，为浙江慈溪滨海经济开发区。

从规模效率上看，各临海开发区的规模效率均值为0.912，是3种效率中分值最高的，且除浙江头门港经济开发区外，其他各临海开发区的规模效率值均大于0.8。

2. 有效性分析

根据模型计算结果，结合判定决策单元DEA有效的原则，得到2015年各临海开发区的投入产出有效性分析结果：宁波石化经济技术开发区、浙江岱山经济开发区这两个临海开发区的综合效率、纯技术效率、规模效率都是1，为DEA有效，占样本总数的18.18％，这表明这些临海开发区的投入规模是合理的，产出效率最大，资源得到合理配置。浙江瑞安经济开发区的DEA纯技术效率有效，但不具有技术有效和规模有效。而且浙江瑞安经济开发区规模收益是递减的，说明投入规模相对过剩。

宁波大榭开发区、宁波鄞州经济开发区等8个临海开发区是DEA无效的。

宁波大榭开发区等5个临海开发区不具有纯技术有效和规模有效，且规模收益是递增的，因此这些临海开发区可以通过增加投入规模来优化资源配置，达到规模有效，也可以在规模不变的情况下通过调整资源的合理配置达到技术有效。

浙江奉化经济开发区和浙江杭州湾上虞经济技术开发区不具有纯技术有效和规模有效，且规模收益是递减的，说明这些临海开发区的投入相对于产出来说是有剩余的，应适当缩减其投入规模，使资源得到合理配置，以达到投入产出的技术有效和规模有效。

浙江普陀经济开发区不具有纯技术有效和综合效率有效，但具有规模有效，其DEA无效来自技术的非有效，而不是规模的非有效，因此要在维持规模不变的情况下，通过调整技术来达到产出的最大化，以实现资源的优化配置。

三、对策研究

（一）投入方面

鉴于资源投入考虑的是各临海开发区的海岸线长度，该投入的增减并不受主观因素的控制，这里只讨论资本投入和劳动力投入。临海开发区的经济发展对整个地区的经济发展都有着重要的影响，是发展海洋经济的重要增长极。因此，应加大对临海开发区各方面的投入力度，合理运用资本，发挥其最大效益，提高成果产出与转化率，同时持续引进、培养高新技术人才。

（二）产出方面

各临海开发区在提高开发区地区生产总值的同时，更要强调产出的质量，深入贯彻落实可持续发展思想，兼顾经济效益与环境效益。

第三节 ｜ 临海开发区聚集度与开发区产出的关联分析

临海开发区与普通开发区一样，主要功能之一是通过产业聚集产生规模效应，从而提高生产效率和产出水平。本节利用区位熵系数测算临海开发区聚集度，发现产业聚集确实能提升经济水平，但也会带来发展同质化等问题。

一、建立分析模型

目前产业集聚水平的测度指标主要有区位熵系数、基尼系数、赫芬达尔-赫希曼指数等，其中区位熵系数是运用最为广泛的测度指标。以某地区的某产业在全国的区位熵系数为例，计算公式如下：

$$Q_{ij} = \frac{e_{ij}/e_i}{E_j/E} \qquad (8\text{-}3)$$

其中，Q_{ij} 表示 i 地区 j 产业的区位熵系数，e_{ij} 表示 j 产业在 i 地区的就业人数或产值，e_i 表示 i 地区所有产业的就业人数或产值，E_j 表示国家 j 产业的总就业人数或产值，E 表示全国的总就业人数或总产值。Q_{ij} 范围为 $Q_{ij}>0$。一般来说，如果某一地区的某一产业的区位熵系数 $Q_{ij}>2$，说明该产业在这一地区具有明显优势；如果区位熵系数 $Q_{ij}>1$，说明某产业在区域的集聚程度较高，系数越大，集聚程度越高；同理，如果区位熵系数 $Q_{ij}<1$，说明某产业在区域内集聚程度较低，处于竞争劣势。

根据数据获得的局限性并结合理论，在本模型中，Q_{ij} 表示 i 地区 j 临海开发区的区位熵系数，e_{ij} 表示 i 地区 j 临海开发区的年末从业人员数，e_i 表示 i 地区总年末从业人员数，E_j 表示浙江省各临海开发区的总年末从业人员数，E 表示浙江省总年末从业人员数。

二、实际测算及分析

（一）数据来源

本模型的基础数据来自浙江省及各地级市的统计年鉴及各地区的政府工作报告和相关政府文件。

目前，已有不少学者针对临海开发区聚集度的影响因素进行研究。借助分析框架，可以考察聚集度与技术密集度、平均企业规模等指标之间的关系，从而确定影响因素。经过多方面衡量及数据获取的可行性分析，本部分最终选取了可获取数据的31个临海开发区作为样本，并选取地区生产总值、年末从业人员数、固定资产投资额、出口总额4个指标作为反映临海开发区聚集度的影响因素。具体数据如表8.7所示。

表8.7 浙江省临海开发区聚集度影响因素

开发区名称	地区生产总值(亿元)	年末从业人员数(万人)	固定资产投资额(亿元)	出口总额(亿美元)
萧山经济技术开发区	191.59	8.41	75.66	19.92
宁波保税区	134	4.05	3.58	49.32
宁波大榭开发区	256.7	5.04	78.02	9.06
宁波经济技术开发区	773	29.7	558	76
浙江宁波出口加工区	30	2.8	3.12	15.2
宁波石化经济技术开发区	430	2.7	124	5.6
浙江镇海经济开发区	76.47	4.81	36.9	21.61
宁波鄞州经济开发区	24.27	2.10	34.51	4.55
浙江余姚经济开发区	265.17	3.13	89.94	9.07
宁波杭州湾经济技术开发区	291.5	9.7	330.3	12.4
浙江慈溪滨海经济开发区	62.47	5.98	98.24	14.73
浙江慈溪出口加工区	46.08	17.8	0.695	3.37
浙江奉化经济开发区	74.08	7.74	55.42	19.83
浙江瑞安经济开发区	584.63	13.55	242.38	17.51
浙江乐清经济开发区	270.78	19.83	493.86	19.85
浙江海盐经济开发区	42.14	2.04	61.63	3.14
浙江海宁经编产业园区	45.4	3.3	24.26	9.6
浙江海宁经济开发区	58.99	4.54	56.71	6.74
浙江嘉兴出口加工区	2.1	0.086	2.1	6.26
浙江平湖经济开发区	100.96	8.49	53.11	18.48
浙江乍浦经济开发区	125.98	3.97	104.46	3.44
袍江经济技术开发区	217.41	11.56	179.11	26.31
浙江柯桥滨海工业区	141.96	6	152.57	8.25
浙江杭州湾上虞经济技术开发区	176	3.7015	178	9.97
浙江上虞经济开发区	73.68	3.6	71.15	12.91
浙江普陀经济开发区	427.1	6.14	193	17.24
浙江岱山经济开发区	10.93	0.32	3.87	0.003
浙江头门港经济开发区	38.4	1.65	55.7	6.7
浙江三门工业园区	21.3	0.48	0.5	6.84
浙江温岭工业园区	98.5	1.75	8.69	5.50
浙江温岭经济开发区	39.9	4	31.4	0.061

同时获取了上述31个临海开发区所在地级市的相关数据，如表8.8所示。

表8.8　浙江省各地级市的基本情况

地级市	年末从业人口数(万人)	地区生产总值(亿元)	固定资产投资额(亿元)
杭州市	663.03	10050.2	5556.32
宁波市	509.5	8003.61	4506.58
温州市	106.56	4618.08	3456.39
嘉兴市	328.91	3517.81	2513.82
绍兴市	346.8	4465.97	2582.84
舟山市	74.5	1092.85	1134.76
台州市	403.32	3553.85	1996.03

（二）测算结果

根据上述计算公式获得各临海开发区的区位熵系数，如表8.9所示。具体系数排名如图8.3所示。

表8.9　浙江省各临海开发区区位熵系数

开发区名称	区位熵系数	开发区名称	区位熵系数
萧山经济技术开发区	0.2380	浙江海宁经编产业园区	0.1883
宁波保税区	0.1492	浙江海宁经济开发区	0.2590
宁波大榭开发区	0.1856	浙江嘉兴出口加工区	0.0049
宁波经济技术开发区	1.0939	浙江平湖经济开发区	0.4845
浙江宁波出口加工区	0.1031	浙江乍浦经济开发区	0.2265
宁波石化经济技术开发区	0.0994	袍江经济技术开发区	0.6255
浙江镇海经济开发区	0.1772	浙江柯桥滨海工业区	0.3247
宁波鄞州经济开发区	0.0772	浙江杭州湾上虞经济技术开发区	0.2003
浙江余姚经济开发区	0.1153	浙江上虞经济开发区	0.1948
宁波杭州湾经济技术开发区	0.3573	浙江普陀经济开发区	1.5455
浙江慈溪滨海经济开发区	0.2201	浙江岱山经济开发区	0.0806
浙江慈溪出口加工区	0.6556	浙江头门港经济开发区	0.0768
浙江奉化经济开发区	0.2851	浙江三门工业园区	0.0223
浙江瑞安经济开发区	2.3862	浙江温岭工业园区	0.0813
浙江乐清经济开发区	3.4929	浙江温岭经济开发区	0.1861
浙江海盐经济开发区	0.1164		

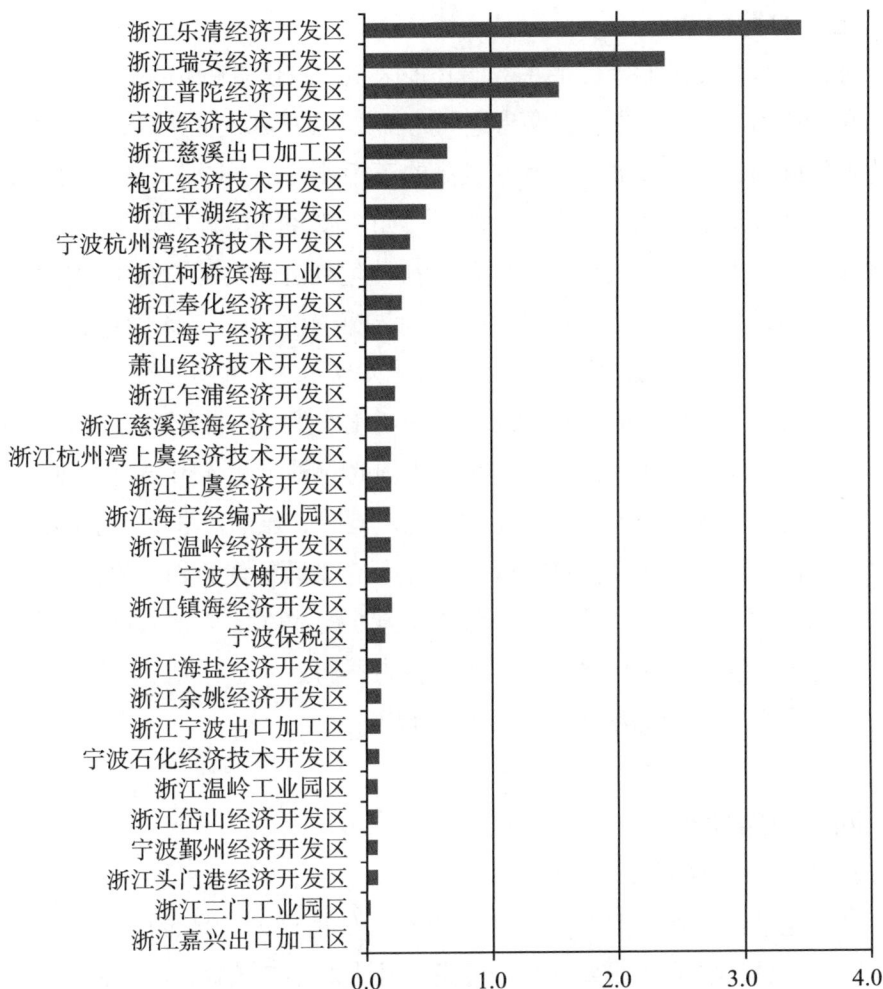

图8.3　浙江省各临海开发区区位熵系数排名

　　由表8.9、图8.3可知，浙江乐清经济开发区、浙江瑞安经济开发区、浙江普陀经济开发区和宁波经济技术开发区这4个临海开发区的区位熵系数大于1，而其余临海开发区的区位熵系数均小于1。这说明上述4个临海开发区的聚集度较高，在与同地级市的对比中处于领先地位。该结果也与表8.3中临海开发区经济发展规模综合得分基本吻合，说明这几个临海开发区不管在哪个方面都处于领先地位，且领先优势明显，它们的高聚集度，也是值得其他临海开发区学习与借鉴的地方。

三、对比分析

将各临海开发区的区位熵系数与其地区生产总值进行相关性检验，可以得出在0.01的置信度水平下，两者之间的相关系数为0.548。这说明临海开发区的聚集度与其经济发展水平存在较高的正相关关系，即临海开发区的聚集度越高，其经济发展水平也会相对较高。如宁波经济技术开发区、浙江瑞安经济开发区、浙江乐清经济开发区和浙江普陀经济开发区，这4个临海开发区的区位熵系数均大于1，其地区生产总值在所有临海开发区中也名列前茅。而那些聚集度相对较低的临海开发区的经济发展水平，也大多令人不满意。

但盲目的产业聚集会导致地区发展同质化严重，不能形成有效的协同发展。当某一区域对某种人才的需求缺口大增时，整个人才市场会出现重心倾斜，该开发区的人力成本会有一定的上升。同时，虽然产业聚集能够促使相关产业"抱团发展"，但是同时也会过度消耗该地区的优势和红利，造成社会管理成本加重，例如治安管理和环境治理方面的成本增加。另外，高度聚集的产业化对临海开发区经济的弹性增长较为不利。一旦外界市场的需求出现变化，很可能给区域经济带来十分致命的影响。

四、对策研究

（一）完善产学研合作制度

产指企业的生产，是企业生存的根本；学指培训，是企业发展的途径；研指对企业核心技术的研发，是企业发展壮大的不二选择。临海开发区为提高产业聚集程度，需要由政府牵头，做好产学研三者的有机结合，确保在企业能够生存的前提下，主动寻求发展，以合作共赢的态度共享企业的信息、技术和人才。

（二）推行综合性配套改革

临海开发区的经济想要发展就要真正地抵消产业聚集所带来的负面外部影响。政府推行综合性配套改革势在必行，这样能够给临海开发区的产业聚集区域提供更加多样化和人性化的配套服务，保证它们在产、销、研发之外没有其他顾虑，从而创设更加良好的营商环境。同时，吸引更多相关产业投资、聚集，进而形成更具影响力的区域产业群。

（三）完善知识和技术创新

核心技术的创新是企业发展的根本，目前浙江省中小型高新技术企业的聚集和中小型生产销售企业的聚集情况更普遍。在省内复杂多变的市场环境中，这些企业势单力孤。想要增强整体的竞争力，发展核心技术是首位，区域内政府部门要善于鼓励和引导企业进行知识和技术的改革和创新，推动产业群在更大的范围内具有竞争力、独创性和品牌效应，这样才能真正使区域经济的发展在临海开发区产业聚集中受益。

总而言之，就目前浙江省的经济发展趋势而言，产业聚集势不可挡。产业聚集在经济全球化的今天能够为整个区域和产业群带来更大的竞争力，从而推动经济发展。但不可否认，盲目的产业聚集易导致区域经济提前进入衰减期，带来巨大的负面影响。政府部门想要推动区域经济发展，就要合理利用产业聚集，扬长避短，进而推动临海开发区经济的发展与进步。

第四节 ｜ 临海开发区科技创新水平综合评价

创新是引领发展的第一动力。为实现临海开发区高质量发展并带动区域经济协同发展，提升其科技创新水平是必由之路。本节利用因子分析法对2015年浙江省25个临海开发区的科技创新水平进行综合评价。

一、建立测算模型

科学评价临海开发区科技创新水平，准确衡量各临海开发区的科技实力，可以发现其存在的差异，对促进各临海开发区的协调发展具有重要意义。在研究科技创新水平时有大量描述性变量，但变量之间可能存在一定的相关性，容易导致信息重叠。而因子分析可以用较少变量代替，以此反映原来多个变量的大部分信息。

假设进行因子分析的指标变量有 p 个：变量 x_1，x_2，$\cdots$，x_p，共有 n 个评价对象，第 i 个评价对象的第 j 个指标的取值为 x_{ij}，再将各指标 x_{ij} 转换为标准化指标 $\tilde{x}_{ij}$，计算相关系数矩阵 $\boldsymbol{R} = (r_{ij})_{p \times p}$：

$$r_{ij}=\frac{\sum_{k=1}^{n}\tilde{x}_{ki}\times\tilde{x}_{kj}}{n-1}, \quad (i, j=1, 2, \cdots, p) \tag{8-4}$$

其中，$r_{ii}=1$，$r_{ij}=r_{ji}$，r_{ij}是第 i 个指标和第 j 个指标的相关系数。

计算相关系数矩阵 $\boldsymbol{R}$ 的特征值，$\lambda_1\geqslant\lambda_2\geqslant\cdots\geqslant\lambda_p\geqslant0$，以及对应的特征向量 $\boldsymbol{u}_1$，$\boldsymbol{u}_2$，$\cdots$，$\boldsymbol{u}_p$，其中 $\boldsymbol{u}_j=(\boldsymbol{u}_{1j}, \boldsymbol{u}_{2j}, \cdots, \boldsymbol{u}_{nj})^{\mathrm{T}}$，初等载荷矩阵 $\boldsymbol{A}=[\sqrt{\lambda_1}\boldsymbol{u}_1, \sqrt{\lambda_2}\boldsymbol{u}_2, \cdots, \sqrt{\lambda_p}\boldsymbol{u}_p]$。根据初等载荷矩阵，计算各公共因子的贡献率，并选择 m 个主因子，对提取的因子载荷矩阵进行旋转，得到矩阵 $\boldsymbol{B}=\hat{\boldsymbol{A}}\boldsymbol{T}$（其中，$\hat{\boldsymbol{A}}$ 为 $\boldsymbol{A}$ 的前 m 列，$\boldsymbol{T}$ 为正交矩阵）。构造因子模型：

$$\begin{cases}\tilde{x}_1=b_{11}F_1+\cdots+b_{1m}F_m \\ \vdots \\ \tilde{x}_p=b_{p1}F_1+\cdots+b_{pm}F_m\end{cases} \tag{8-5}$$

其中，F_1，F_2，$\cdots$，F_m 为 m 个主因子，b_{i1}，b_{i2}，$\cdots$，b_{im} 为因子载荷。最后用回归的方法求得各因子的得分函数，以提取的各公共因子的方差贡献率占提取公共因子的总方差贡献率的比例为权重，将各公共因子的得分进行加权，计算各临海开发区科技创新水平的综合得分。

二、实际测算与分析

在进行相关性检验，并删去具有广泛相关性的指标后，结合实际数据的可获得性，最后筛选出企业研发中心数、国家和省级"千人计划"人才数、发明专利申请授权数、劳动生产率、新产品销售收入占比和高新技术产业营销收入占比6项指标进行因子分析。本模型的基础数据来自浙江省、下辖各地级市统计年鉴及各地区政府工作报告和相关政府文件。剔除了数据缺失的临海开发区，最终得到25个临海开发区及其科技创新水平相关指标数据，具体如表8.10所示。

表8.10　浙江省各临海开发区科技创新水平

开发区名称	企业研发中心数(个)	国家和省级"千人计划"人才数(人)	发明专利申请授权数(项)	劳动生产率(万元/人)	新产品销售收入占比(%)	高新技术产业营销收入占比(%)
萧山经济技术开发区	14	17	240	22.78	0.54	0.53
宁波大榭开发区	3	0	23	50.93	0.29	0.13
宁波经济技术开发区	112	16	487	26.03	0.30	0.62
宁波保税区	12	1	50	33.09	0.09	0.87
浙江镇海经济开发区	98	2	197	15.90	0.25	0.53
宁波石化经济技术开发区	32	0	46	159.26	0.12	0.30
宁波鄞州工业园区	4	0	27	11.57	0.61	0.86
浙江奉化经济开发区	11	3	8	9.57	0.48	0.49
浙江余姚经济开发区	104	17	279	84.72	0.36	0.40
浙江慈溪经济开发区	14	12	166	10.45	0.69	0.69
浙江瑞安经济开发区	26	4	123	43.15	0.47	0.60
浙江乐清经济开发区	30	2	447	13.65	0.20	0.26
浙江海盐经济开发区	18	11	58	20.66	0.39	0.25
浙江海宁经济开发区	31	30	145	12.99	0.35	0.37
浙江海宁经编产业园区	3	5	7	13.76	0.55	0.26
浙江平湖经济开发区	44	9	148	11.89	0.43	0.50
浙江嘉兴出口加工区	0	0	0	24.53	0.25	0.19
浙江乍浦经济开发区	9	3	66	31.73	0.30	0.55
浙江绍兴柯桥经济技术开发区	2	4	6	23.66	0.18	0.01
绍兴袍江经济技术开发区	34	8	75	18.81	0.30	0.41
浙江上虞经济开发区	26	4	57	20.47	0.44	0.31
浙江杭州湾上虞工业园区	77	0	121	47.55	0.17	0.20
浙江普陀经济开发区	3	3	6	69.61	0.17	0.24
浙江岱山经济开发区	7	1	9	34.16	0.02	0.05
浙江温岭经济开发区	21	6	94	9.98	0.45	0.50

由表8.11可知，该模型KMO检验统计量的值为0.578，大于0.5，适用于因子分析法。Bartlett球形检验统计量的显著性值为0.002，小于0.05，表明因

子分析在该问题上是有效的。

表8.11　KMO和Bartlett球形检验

KMO检验		0.578
Bartlett球形检验	近似卡方	34.982
	自由度	15
	显著性	0.002

　　根据表8.12得到各个因子对总方差的解释程度。其中，因子分析一共提取到两个公共因子，其累计方差贡献率为64.883％，将原问题中6个指标变量用两个公共因子来代替，能够对样本数据做到较大程度的降维。

表8.12　特征根与方差贡献率表

因　子	初始特征值			旋转后载荷平方和		
	特征值	方差贡献率（％）	累计贡献率（％）	特征值	方差贡献率（％）	累计贡献率（％）
1	2.210	36.826	36.826	2.009	33.480	33.480
2	1.683	28.057	64.883	1.884	31.403	64.883
3	0.830	13.836	78.719			
4	0.658	10.960	89.67			
5	0.349	5.815	95.494			
6	0.270	4.506	100.000			

　　使用最大似然法提取公因子，采用最大方差正交旋转法对初始因子载荷矩阵进行旋转，旋转后的因子载荷矩阵如表8.13所示。从结果看：第一因子在企业研发中心数、国家和省级"千人计划"人才数和发明专利申请授权数上有较大载荷，可命名为科技资源及成果；第二因子在劳动生产率、新产品销售收入占比和高新技术产业营销收入占比上有较大载荷，可命名为科技贡献率。

表8.13　旋转后的因子载荷矩阵

指标变量	因子	
	F1	F2
企业研发中心数	0.887	−0.184
国家和省级"千人计划"人才数	0.592	0.395
发明专利申请授权数	0.892	0.094
劳动生产率	0.087	−0.730
新产品销售收入占比	0.001	0.872
高新技术产业营销收入占比	0.262	0.626

最后得到2015年各临海开发区科技创新水平的因子得分系数矩阵、综合得分及排名，如表8.14所示。由表8.14可以看出，宁波经济技术开发区、浙江慈溪经济开发区、萧山经济技术开发区、浙江海宁经济开发区和浙江余姚经济开发区的科技创新水平排名靠前，而宁波大榭开发区、浙江绍兴柯桥经济技术开发区、浙江普陀经济开发区、浙江岱山经济开发区和宁波石化经济技术开发区的科技创新水平则相对落后。

表8.14　因子得分及排名

开发区名称	F1	F2	综合得分	排名
宁波经济技术开发区	2.859	0.086	1.517	1
浙江慈溪经济开发区	0.092	1.868	0.951	2
萧山经济技术开发区	0.555	1.184	0.860	3
浙江海宁经济开发区	0.927	0.781	0.856	4
浙江余姚经济开发区	2.138	−0.703	0.763	5
浙江平湖经济开发区	0.359	0.644	0.497	6
浙江镇海经济开发区	1.107	−0.294	0.429	7
宁波鄞州工业园区	−0.869	1.650	0.350	8
浙江乐清经济开发区	0.912	−0.477	0.240	9
浙江温岭经济开发区	−0.271	0.768	0.232	10
浙江瑞安经济开发区	−0.048	0.483	0.209	11
绍兴袍江经济技术开发区	−0.037	0.101	0.030	12
浙江奉化经济开发区	−0.831	0.827	−0.028	13

续　表

开发区名称	F1	F2	综合得分	排　名
浙江海盐经济开发区	−0.296	0.251	−0.032	14
浙江上虞经济开发区	−0.443	0.274	−0.096	15
浙江海宁经编产业园区	−0.975	0.730	−0.150	16
浙江乍浦经济开发区	−0.510	0.144	−0.193	17
宁波保税区	−0.393	−0.063	−0.233	18
浙江杭州湾上虞工业园区	0.470	−1.313	−0.393	19
浙江嘉兴出口加工区	−1.118	−0.438	−0.789	20
宁波大榭开发区	−0.959	−0.753	−0.859	21
浙江绍兴柯桥经济技术开发区	−0.970	−0.793	−0.884	22
浙江普陀经济开发区	−0.766	−1.089	−0.922	23
浙江岱山经济开发区	−0.899	−1.405	−1.144	24
宁波石化经济技术开发区	−0.034	−2.462	−1.209	25

第九章

存在的问题与政策建议

对浙江省而言，海岛等各类海洋经济开发区是建设海洋强省、实现陆海统筹的重要依托。目前，浙江省共有6个海岛县（区）、58个海岛乡镇和46个临海开发区，涉及7个沿海城市：杭州市、宁波市、温州市、嘉兴市、绍兴市、舟山市和台州市。每个沿海城市的海岛及临海开发区都具有自身特色，存在的问题也不尽相同。因此，本章分别从省级层面和市级层面总结海洋经济发展存在的问题，并提出具有针对性的政策建议。

第一节 | 发展特征及存在的问题

本部分首先从省级层面分析海洋经济的发展特点；其次，分别对海岛和临海开发区的发展特点及存在的问题进行归纳总结。

一、浙江省总体分析

（1）陆地资源稀缺。作为经济大省，浙江省陆域资源稀缺是不争的事实。浙江省以山地、丘陵为主，适宜耕作的平原面积较小，土壤质量也不高。同时，浙江省人口密度较大，人均耕地面积更为匮乏。矿产资源稀少，以非金属矿产为主，能作为工业传统燃料的煤炭资源严重不足。随着经济社会的不断快速发展，陆域资源稀缺牵制了可持续发展。

（2）海洋资源丰富。浙江省地处东南沿海，全省海岸线总长达6486公里，约占全国海岸线总长的20.3％，这为海洋运输、海上对外贸易等产业的发展提供了便利条件。作为全国拥有最多岛屿的省份，浙江省海洋捕捞量十分可观，渔业发展迅速。近年来，良好的海域资源促使海洋旅游业蓬勃发展，吸引了广大中外游客驻足。同时，东海海域富含海洋石油、天然气能等自然资源。丰富的海洋资源为浙江省发展海洋经济奠定了坚实的基础。

（3）区位条件优越。浙江省向西背靠陆地，内陆市场广阔；向东连接东海，海上贸易便利；同时拥有众多港口。其中，宁波—舟山港承载着我国最多的港口货物吞吐。其明显的区位优势、地理位置，将经济发展与世界串联在一起。

（4）体制机制灵活。在浙江省经济发展中，民营经济一直占据着举足轻重的位置。同时，省内市场经济起步早，体制机制十分灵活，市场化程度达较高水平，经济充满活力与张力。

（5）海洋科教支撑能力强。浙江省坚持"科教兴国"发展战略，为发展海洋经济，着力于加强海洋教育，不断深化海洋院校师资力量建设，引进、培养海洋类高新技术人才。高校涉海类科研成果斐然，并不断提升科技成果转化能力，驱动海洋经济高质量发展。

二、海岛发展特征

基于相关数据，对浙江省6个海岛县（区）的社会经济发展、基础设施建设、产业发展等进行深入分析，分析结果表明，浙江省各海岛县（区）的发展水平差异显著，海岛经济发展主要存在如下问题和不足：

（1）浙江省各海岛县（区）基础设施建设发展不平衡，部分海岛县（区）基础设施有待进一步加强，要素制约仍较突出，优质公共服务资源比较缺乏，海岛居民享受的基础设施等福利较少。

定海区存在较为严重的要素制约：其处在陆地边缘、省道的末端，现代交通运输网不够完善；土地要素、资本要素、人才要素的缺口较大，土地利用方式还需进一步改善，资金筹集能力和使用效率亟须提高。

嵊泗县人口连续多年呈现负增长，也缺乏外来人口对劳动人口的补充，人口结构不利于经济长期健康运行。海岛生态遭受破坏，植被覆盖、山体岩礁长期受风化作用影响，近岸海域水体污染加重，近岸海域富营养化，全县整体水质较差。可开发利用的土地资源有限，无法为重大项目的引进提供充足的土地资源供给，可供耕种的土地较少，人地关系趋于紧张。此外，嵊泗县城市扩展空间受土地资源不足的影响，无法有效满足城市化、现代化的发展要求。

岱山县基础设施建设不完善、公共服务能力不足是制约县域整体发展的主要短板。同时，资源要素约束加剧，人地关系紧张，投资资金短缺，人才严重不足，生态环境恶化，经济开发和对外开放面临严峻挑战，当地物流、交通、城市功能、人才等方面的配套设施难以支撑重大项目的引进和开发。

岱山县面临着严重的城乡差距不平衡的问题。

普陀区经济发展水平尽管在各海岛县（区）中处在比较高的位置，但其治理能力和管理制度仍有所欠缺，城乡经济发展水平、公共服务水平与其他海岛县（区）存在差距，海洋资源的开发能力尚待提高。

玉环市城区的城市功能相对不足、公共服务体系不健全、空间布局不够合理，难以满足第三产业发展和经济转型升级的需要。

洞头区受限于自然资源相对匮乏，政府管理能力和管理制度不够完善，土地利用、林业开发、渔业拓展等面临较大的行政阻碍，投融资水平比较低下，难以引进充足的资金以保障产业发展。

（2）各海岛县（区）工业发展水平差别较大，工业综合实力不强，相对全省平均发展水平来说较为落后。

玉环市的工业发展水平在各海岛县（区）中处于领先地位，产业结构为"二三一"模式。

定海区产业结构不够合理，第二、三产业发展不均衡问题比较突出，服务业发展严重滞后于工业化水平，产业升级面临结构严重失衡的严峻挑战。

嵊泗县产业发展层次偏低，港口运输产业缺乏内生发展动力，在很大程度上依赖政府和外部推动，给当地海洋运输业的发展带来极大的不确定性。旅游产业受制于季节性因素，存在明显的淡季、旺季，难以形成有效规模，且旅游业发展层次不高，旅游配套设施亟待完善，目前仍以传统的观光旅游模式为主。

岱山县经济总量偏小、综合实力不强、产业结构较为单一、重大项目储备不足、创新驱动能力不强，经济结构调整的资源性挑战很大。

普陀区经济发展严重依赖自然资源，产业结构较为单一，创新、人才对经济发展的作用有限，缺乏突出的代表性产业，重大项目储备不足。

洞头区产业层次不高，经济发展的结构性问题还比较突出，基础设施难以支撑经济战略布局，经济增长缺乏持续性动力。

玉环市工业发展水平在各海岛县（区）中虽处于领先地位，但其产业结构尚未达到现代化标准，第二、三产业发展不均衡的问题比较突出，服务业发展严重滞后于工业化进程，面临结构严重失衡的挑战。

（3）浙江省各海岛县（区）的海洋优势产业均不相同，如海洋渔业作为传统海洋产业表现出明显优势，但各海岛地区发展的主导产业之间存在一定程度的同构化问题。就浙江省海岛地区整体而言，6个海岛县（区）的海洋旅游业、海洋交通运输业、海洋船舶工业等3个行业在企业数量、发展规模、经济效益等方面存在较大优势。此外，海洋水产品加工业为普陀区特色强势海洋产业，嵊泗县的海洋管理行业在海洋产业发展中显现出明显的发展劲头，海洋工程装备制造业为玉环市特色海洋产业。海洋渔业是历史悠久、富有传统的海洋产业之一，也是各海岛县（区）经济增长的重要支柱性产业之一。浙江省各海岛县（区）海洋产业发展的主导产业各有特色，但同时也存在产业发展趋同、缺乏地方特色的问题。另外，海洋生态环境保护业、海洋药物和生物制品业等新兴海洋产业较为弱势，海洋产业整体发展层次较低，行业布局不够合理，可持续发展能力尚待提高。

（4）各海岛地区海洋产业基础总体比较薄弱，传统优势产业面临着转型升级的压力，海洋新兴产业发展相对比较缓慢，缺乏科技研发和技术创新的有力支撑。嵊泗县渔业从业人员呈现老龄化趋势，且大多数渔业从业人员受教育程度不高，导致嵊泗县渔业对就业人员的吸纳量比较有限，产业规模无法有效扩张。岱山县创新驱动能力不强，海洋新兴产业发展相对比较缓慢。普陀区技术创新和新产品研发能力还有较大的提升空间，一些新兴海洋产业或高技术海洋产业的发展速度较慢，难以形成规模经济。玉环市虽然工业基础相对较强，但制造能力仍停留在比较低的层次，即产品技术含量不高、缺乏核心竞争力，且海洋经济发展滞后，使传统产业面临竞争优势弱化和新兴产业竞争力不足的严峻挑战。

三、临海开发区发展特征

（一）杭州市

（1）海洋资源不足。杭州市与其他城市相比，无管辖海域，在海洋资源、海上贸易等方面都处于极大的劣势位置。只有与省内滨海城市建立联动机制，才能在浙江省海洋经济建设中站稳位置。

（2）海洋科技人才优势明显。杭州市拥有众多的高等学府，培养了一大批海洋科技人才。同时，杭州的产学研合作体系完善，拥有国家级别的海洋研究院所，涉海优秀企业层出不穷，能够从基础理论到试验发展，共筑杭州市海洋经济发展新高地。

（3）海洋金融服务较为完善。在金融市场快速扩张的今天，金融创新不断深化，在浙江省金融服务业中，海洋元素成为闪光点。海洋企业受到国家开发银行浙江分行的大力扶助，开发性金融大力支持海洋经济服务发展。新业态、新领域的金融支持服务日益推进。

（4）海洋产业集聚度高。杭州市各聚集区及临海开发区抓准定位，从海洋工程、海洋生物医药等高新技术产业入手，深化产业聚集，加强内部协同，有力提升产业关联度。

（二）宁波市

（1）区位优势与海洋资源优势明显。宁波市以其出色的地理位置，坐拥优渥的海洋资源，逐步形成沿海临港产业带。宁波市在浙江省发展海洋经济进程中，处于战略性地位。

（2）海洋经济发展质量、速度不理想。虽然地理与资源优势突出，但宁波市海洋经济发展规模、速度等均不理想，全市海洋经济总产值与全国海洋经济总产值相比，远低于全市生产总值占全国的比重。滨海旅游业远落后于舟山市，高附加值、深加工的涉海产业较少，产业结构趋向不合理。

（3）海洋生态环境污染严重。随着经济社会的不断发展，近岸和近海海域受到不同程度的污染。同时，过度捕捞、高密度养殖等问题没有得到缓解，海洋生态系统功能退化，进而引发了海洋赤潮等海洋生态灾害。

（三）温州市

（1）政策制度优势明显。作为改革开放的先行区、民营经济的发祥地，温州市拥有良好的政策优势与灵活的市场机制。改革开放以来，温州市港口及滨海工业发展迅速，整体对外开放水平日益提高，海洋经济发展势头良好。

（2）海洋资源利用不合理。温州市海洋资源十分丰富，但由于过度追求经济效益，海洋资源过度开发、利用，导致海洋生态系统退化。同时，不合理的开发、利用，引发了海水入侵、海岸侵蚀等严重后果。水质恶化现象严重，过度捕捞、盲目开采等现象频繁，导致水产资源严重衰退。随着滨海旅游业的兴起，超规模接待游客等现象频发，旅游资源开发不合理，直接破坏了海洋及周边生态环境。

（3）海洋产业布局有待优化。温州市海洋经济的发展缺乏全面的宏观调控，海洋产业布局缺乏合理规划。不同行业利用海洋资源的矛盾日益凸显，海洋资源过度开发与开发不足并存。区域分工体系不完善，整体协调、配合度不高。传统海洋产业仍处于粗放型水平，新兴海洋产业尚未形成一定规模。

（四）嘉兴市

（1）海洋经济发展水平较低。嘉兴市现阶段海洋资源的开发利用主要停留在直接开发的初始阶段，高附加值、深加工的产业活动较少，海洋经济整体的质量和水平都处于较低水平。海洋产业结构尚待优化，海洋特色产业不足，信息化管理技术有待加强。临港工业处于起步阶段，配套基础建设、后期服务设施等亟待改善。

（2）海洋环境问题突出。由于人们对海洋环境保护的意识薄弱，嘉兴市基础环境设施建设滞后，近海海域污染程度趋于加重。工农业废水、生活污水、海上污染物等不减反增，造成海水富营养化问题日益突出，严重制约了海洋经济可持续发展。

（3）海洋渔业发展受到制约。随着经济社会的不断发展，过度捕捞、盲目开采等现象频发，嘉兴市海洋资源消耗严重。同时，海域污染程度日趋严重，对嘉兴市渔业发展造成严重的负面影响。嘉兴市的海洋渔业发展仍属于粗放型，与传统渔业城市存在较大差距。

（五）绍兴市

（1）海洋经济起步较晚。与省内其他沿海城市相比，绍兴市海洋经济发展既无区位优势，又由于起步较晚，发展相对滞后，海洋经济总量偏小。同时，绍兴市海洋经济以第二产业为主，涉及污染较大的化工、医药行业，而涉海服务业未得到长足稳定的发展。

（2）海洋资源相对稀缺。绍兴市由于本身的地理位置限制，其填海面积、海岸线长度都处于全省较低水平。除滩涂资源及上虞港外，其他海洋资源稀缺，在全省占比比较低。与其他涉海城市相比，在港口、海洋渔业、海域旅游资源、涉海科研教育等方面，绍兴市均不存在优势。

（3）涉海工业竞争力弱。绍兴市涉海工业经过10余年的发展，已具雏形，但与省内其他沿海城市相比，总体规模仍处于较小的水平。涉海工业企业产业结构、增加值总量都不高，竞争力不强，且受自身资源环境制约明显。现阶段纺织印染等仍属于绍兴市主导产业，对园区及海域污染有较大的辐射作用。

（4）海河联运优势未得到充分发挥。一直以来，绍兴市水运基础设施建设都属于薄弱环节，诸多因素制约了其水运业进一步发展。在杭甬运河绍兴段已全线贯通的今天，滨海新区、上虞杭州湾作业区等项目建设层出不穷。但由于起步较晚，水运港口物流业发展相对滞后，海河联运优势未得到充分发挥与施展。

（六）舟山市

（1）区位优势明显，海洋资源丰富。海洋经济在舟山市经济发展中占据着举足轻重的位置。依靠其突出的区位优势、丰富的海洋资源，经过多年的发展，现阶段舟山市已初步形成以临港工业为主体，滨海旅游业与海洋生物业协调发展的经济体系。

（2）海洋生物资源日趋枯竭且污染严重。舟山市海洋经济快速发展的同时，过度捕捞等现象频发，严重影响海洋生物的多样性，破坏海洋生态的平衡与稳态，使海洋生物资源日趋枯竭。同时，工业污水乱排放、海洋资源过度开发等导致海水污染严重。

（3）涉海产业结构亟待优化。在舟山市经济发展中，渔业处主导地位，第一产业占据过高的比重。第二产业在发展中缺乏高附加值、深加工的产业，产业结构单一，以海洋生物医药等为代表的高新技术涉海产业止步不前。同时，第三产业相对薄弱，涉海服务业水平不高，海上对外贸易等也处于较低水平。

（七）台州市

（1）要素制约问题突出。台州市海洋经济与先进地区相比，仍处于总量规模较小的水平。由于其本身的地理区位和资源水平，用地紧张等问题日渐凸显，制约着台州市海洋经济进一步发展。

（2）高新技术涉海产业比重较低。台州市海洋经济中主导产业的科技含

量较低，部分产业处于整条产业链的低端。循环经济规模较小，未形成高关
联、强互补的经济链，产业发展后劲不足。同时，涉海产业发展趋同，较多
集中在海洋装备制造业等产业，同质化程度较高，易形成园区内部竞争。

（3）海洋资源循环利用困难。现阶段台州市海洋资源开发难以形成合
力，海洋经济发展亟须技术创新。同时，海水污染严重，海洋资源受损严
重，自然灾害频发。海洋生态系统脆弱性逐步突出，严重制约了海洋经济的
可持续发展。

第二节 ｜ 政策建议

本节首先从省级层面出发进行对策分析，提出具有总体性和一般性的政
策建议；其次对浙江省7个沿海城市分别提出具有针对性的政策建议。

一、浙江省总体政策建议

海洋经济发展涉及生态、产业结构等多个方面和渔业、旅游业等多个产
业，应结合浙江省各海岛地区的实际情况，精准施策，尤其要突出各地发展
定位，创新经济增长机制体制，在海岛开发、特色产业培育等方面先行先
试，积极探索各海岛地区海洋经济发展的特色模式。结合海岛地区发展情况
和存在的问题，为推进海岛地区的可持续发展，提出以下建议：

（1）推动海洋工业转型升级，提升海岛地区工业综合实力。大力促进工
业新旧动能转换，推动海岛县（区）传统强势海洋工业向集约化、高端化方
向发展，实现从依赖自然资源开发向提高资源利用率转变，从劳动力和资源
指向型企业向技术和创新指向型企业转变。加强对海岛县（区）各乡镇的综
合整治，大力推进安全隐患清除、"五水共治"、环保执法等治理措施。抓住
数字经济时代的发展机遇，推动海洋制造业与高端制造业深度融合，培育新
型海洋经济业态。推动企业从加工零部件向生产组件、模块化等提升，延长
海洋制造业产业链，增加海洋产品的附加值，坚持中高端发展方向，培育制
造业企业"工匠精神"，实现由中低端产品向中高端产品转变，克服各海岛县

（区）工业企业规模小、效率低、缺乏合理布局的弊端。加强海岛县（区）之间的交流和沟通，分享先进经验，工业发展水平较低的地区如嵊泗县应积极向工业发展水平较高的地区如玉环县学习工业发展经验。

（2）改善基础设施条件，加大海岛开发力度。海岛县（区）普遍位于浙江省边缘地带，远离大陆，且地域面积狭小，多山地、丘陵，交通设施比较单一，交通功能有所欠缺，基础设施不够完善，应当合理布局便民服务设施，推进公立医院改革和优质医疗资源普惠，构建惠及全民、结构合理的医疗机构布局，并推进分级诊疗机制科学化、合理化。推进学前教育普惠化、公益化，义务教育均衡化、高标准化，以及高中教育特色化、优质化。加强海岛乡镇硬件建设，增加文化事业单位数量，推进海岛科教文卫事业整体发展，形成独特的海岛文化。扩大养老机构覆盖面，提高养老服务水平，增强优质养老服务保障，让老百姓共享发展成果。构筑现代化交通网络，发挥海岛县（区）船运发达、水路便捷的优势，布局水路联动、陆海相接的海岛特色交通。在改善基础设施和生活条件的基础上，坚守生态红线，贯彻环境保护政策，加强海岛生态保护和生态功能修复，促进人与自然和谐相处。

（3）推进收入分配改革，完善公共就业服务。着力提高中低收入者收入水平，加强企业退休人员养老金保障，促进城乡居民社会养老保险待遇正常调整。大力发展民宿经济、农家乐产业、社区服务业，推进渔农村产权制度改革创新，扶持渔民转产转业，切实提高渔民收入。多渠道畅通岗位需求与就业需求信息，通过政府购买、增加公益性岗位等方式，发挥农村富余劳动力的就业能力，增加海岛县（区）居民创收途径。同时，用产业开发和政策兜底等途径增强低收入人群的就业能力和把握机会的能力，增强城乡劳动者的就业能力，避免出现"零就业"问题。创新社会治理方法，强化社区服务功能，健全社会治理机制体制，培育快速响应群众需求、传达群众利益表达的社区社会组织，深化社会治安防控体系，逐渐完善现代治理体系。

（4）完善政府土地管理功能，健全土地市场监管机制。发挥市场配置对土地资源的决定性作用，取代以往的政府直接划拨配置的方式，以缓解全市土地资源特别是建设用地的供给矛盾，如集体用地的有偿使用、再利用可划拨用地、工业用地年租制等，以减少土地投机倒把行为。鼓励开发立体空间，减少土地资源的流转成本，最大限度地利用各类存量土地，提高土地利用效率和开发强度。基于资源环境承载能力和经济社会发展潜力合理规划土地功能布局，结合县域发展的现实情况，明确区分生产用地和生活用地，优化县域空间格局。一方面，强化土地、资金等要素保障，提高土地资源利用效率，推进集约用地水平；另一方面，通过填海造陆等方式扩大海岛用地面积，增强海岛县（区）吸收和利用引进资金的能力，从而实施高质量的土地开发项目，提高县域整体建设水平。

（5）引进人才并构筑海洋人才高地，提升海洋经济创新能力。目前，各海岛县（区）创新人才不足，创新团队层次和结构不够完善。一方面，要加大高端人才引进力度和本土创新团队培养力度，强化校企合作，集聚以科技成果转化应用型人才为重点的高端创业创新人才，增加县域人才资源储备量。另一方面，要培育高技术产业和新兴海洋产业，为人才的发展提供良好的平台和空间，形成良好的人才使用机制，建设一批科研研发中心和企业孵化器，全方面关心人才成长，不断提升人才的综合素质。

（6）促进海洋产业转型升级，拓展海洋经济发展空间。制定鼓励开发海洋资源和海洋产业的政策措施，吸引外资、民间投资积极进入海洋领域投资创业，推动人才、资金、技术向海洋领域集聚，拓展海洋经济发展空间。大力引进大型企业、项目和工程等，建设集大型制造业如能源化工、船舶修造和机械制造等工业产业，以及配套服务产业如港口物流、高新技术及商贸金融产业等于一体的综合性、现代化产业，进一步推进海洋产业朝全方位、多层次、多领域的方向发展。

二、各沿海城市政策建议

（一）杭州市

（1）增强与省内沿海城市的协同合作。杭州市作为省会城市，其与省内沿海城市相比，处于不可或缺的战略性位置。杭州市要将自身发展与整个长三角乃至国家发展联系起来，不仅要加强与周边省份的协同发展，更要增强与省内如宁波市、舟山市等沿海城市的合作，将发展海洋经济摆在重要位置。

（2）不断发挥自身科技人才优势。发展海洋经济已经成为杭州市"十三五"规划中的重点任务，应快速出台相关政策，明确未来发展模式与具体目标。积极利用杭州市得天独厚的海洋科技人才优势，加快产学研合作，从基础研究到试验发展，共筑杭州市海洋经济发展新高地。

（3）打造国家级海洋成果转化平台。杭州市在海洋经济发展中具有得天独厚的地位、人才、平台优势，应积极利用这些优势，依托国家的支持政策，加快海洋科技成果转化，实现集群创新的新发展模式，促进杭州市打造国家级的海洋成果孵化平台。

（二）宁波市

（1）加快综合性滨海新区建设。抢抓宁波市滨海新区基础性设施建设，鼓励引进、培养海洋人才，构筑海洋经济科技创新平台。大力扶持高技术海洋创新型企业，重点发展新兴涉海产业，集聚海洋科技创新资源，全力打造具有宁波特色的综合性滨海新区。

（2）建立区域联动发展体系。海洋不是封闭的，海洋经济发展离不开周边地区的发展。宁波市应建立健全区域联动发展机制，加强与周边地区的合作，实现共赢。加强海洋综合管理体制，在摸清宁波市自身的资源禀赋与优势的前提下，实现以陆促海、陆海联动，不断推进海陆统筹、协调发展。

（3）全面贯彻落实可持续发展理念。坚持"在开发中保护，在保护中开发"的理念，贯彻落实海洋经济循环发展策略。宁波市应逐步建立、完善"智慧海洋"数据库，加强对海洋环境的监测功能。推进对海洋资源有序、合理的开发利用，妥善处理海洋经济发展与环境保护之间的关系。

（三）温州市

（1）坚持落实科教兴海战略。出台温州市海洋科技发展相关指导意见，推行优惠政策措施，积极搭建海洋科技发展创新型平台。全面落实科教兴海战略，大力引进、培养海洋高级人才，促进形成产学研一体化创新体系。

（2）深入推进口岸产业发展。在加快海洋产业发展中，应加快创办海港自由贸易区。利用洞头及其周边地区得天独厚的地形，化海洋资源优势为经济优势，争取早日设立自由贸易区，并将其作为涉海经济全面增长的"催化剂"，将经济效益辐射至港口及周边区域乃至整个城市。

（3）全面优化海洋经济产业结构。积极招商引资，抢抓发展先机。在不断完善、落实相关政策措施的基础上，吸引国内外投资，合理规划温州市海洋经济发展蓝图。不断调整、全面优化海洋经济产业结构，做大做强温州市海洋特色产业。

（四）嘉兴市

（1）完善港、航物流体系。为实现沿海港口与内河的无缝连接，嘉兴市应加快建设以港口为中心的综合运输网络，加强海陆联动运输。在不断完善港区海河联运基础设施建设的基础上，实现港航物流体系的最大优化。

（2）积极构建科技创新平台。嘉兴市海洋经济整体质量仍处较低水平，应依托嘉兴科技城现有的产业基础，建立海洋科研成果转化基地与科技创新平台。重点突破精深加工、高附加值、海洋可再生能源开发利用等关键技术和高新技术，构建海洋科技创新体系。

（3）积极招商引资，争取重大项目。对涉海产业的金融投资不足直接导致重大项目很难落户嘉兴市。嘉兴市应积极引入创新开发模式，加强招商引资，对接国内外优秀企业，吸引资金投入嘉兴市海洋新兴产业。

（五）绍兴市

（1）构筑海陆联运集疏运网络。绍兴市地处海陆连接的重要位置，工作应重点突出海陆联动，完善综合交通网络。在扶持涉海基础设施建设的基础上，改造、优化杭甬运河配套设施，实现铁、公、水等多种运输方式的无缝对接，构筑海陆联运集疏运网络。

（2）重点扶持海洋优势产业。结合绍兴实际发展模式，在原有生产模式的基础上，重点扶持涉海先进制造业，择优发展高附加值、深度加工的高新技术制造业。同时，加强涉海服务业建设，借助绍兴市典型的江南水乡风光与独特的海河联运条件，大力发展滨海旅游业、涉海港口物流业等优势产业。

（3）加强海洋生态文明建设。加大海洋环保行动实施和海洋生态环境管理。现有纺织印染等产业污染严重，应对企业排污标准进行严格把关，强化污染治理。提倡海洋资源利用的有偿性、有度性与有序性，加强海洋生态文明建设。

（六）舟山市

（1）实现海洋捕捞渔业绿色化。从"比资源"到"比技术"，舟山市渔业经济发展还存在巨大的提升空间，提升海洋资源产业技术含量迫在眉睫。如何促使海洋捕捞渔业向更高科技含量的海洋产业发展，成为舟山市海洋经济建设的重中之重。渔业资源保护与经济发展齐头并进，发展"绿色化渔业"，才是高质量、可持续的发展模式。

（2）促进涉海产业转型升级。以涉海新兴产业为发展核心，发展低消耗、高效率的海洋高新技术产业，进而促进涉海产业转型升级。从新角度拓展涉海高新技术产业的发展空间，寻求技术经济发展新的增长点，坚持舟山市海洋经济协调发展、持续性发展之基本内涵。

（3）海洋经济发展与环境治理并进。大力发展海洋环保产业，推广高新技术在产业发展中的应用。加强海洋污染治理，建立海洋灾害预警机制，实现舟山市海洋经济健康发展。不以牺牲环境为代价过分追求海洋经济高速发展，促使发展速度与环境承载力相匹配。

（七）台州市

（1）谋划建成台州海上大通道。作为"一带一路"倡议中要着力打造的重要的节点城市，台州市应从港口建设入手，加强口岸服务，构筑以头门港区为核心、多港区联合发展的开发格局，全面深入加强海港一体化发展部署。海路联通、多式联运，打造富有国际竞争力、对外开放水平高的临港产业集群。

（2）完善海洋基础设施建设。为紧抓发展之机遇，台州市应提高海洋基础设施现代化、网络化水平，加快信息基础设施建设，重视海洋高速信息网建设。同时，提升港区综合交通运输体系之完备程度，为增强海洋经济的发展提供强有力的支撑。

（3）推动临港产业聚集区建设。贯彻落实台州建设湾区经济发展试验区的政策，依托台州湾循环经济产业集聚区，建设临港装备制造基地。同时，高度重视海洋渔业转型升级，加强涉海服务业建设，促进台州市海洋产业结构不断优化。

参考文献

［1］浙江省统计局，国家统计局浙江调查总队.浙江统计年鉴2016［M］.北京：中国统计出版社，2016.

［2］浙江省统计局，国家统计局浙江调查总队.浙江统计年鉴2015［M］.北京：中国统计出版社，2015.

［3］浙江省统计局，国家统计局浙江调查总队.浙江统计年鉴2013［M］.北京：中国统计出版社，2013.

［4］国务院人口普查办公室，国家统计局人口和就业统计司.中国2010年人口普查分乡、镇、街道资料［M］.北京：中国统计出版社，2012.

［5］浙江省统计局，国家统计局浙江调查总队.浙江统计年鉴2011［M］.北京：中国统计出版社，2011.

［6］浙江省统计局，国家统计局浙江调查总队.浙江统计年鉴2012［M］.北京：中国统计出版社，2012.

［7］浙江省统计局，国家统计局浙江调查总队.浙江统计年鉴2014［M］.北京：中国统计出版社，2014.

［8］浙江年鉴编纂委员会.浙江年鉴2013［M］.杭州：浙江人民出版社，2013.

［9］浙江年鉴编纂委员会.浙江年鉴2011［M］.杭州：浙江人民出版社，2011.

［10］中共浙江省委员会政策研究室，浙江省人民政府.浙江年鉴2017［M］.杭州：浙江人民出版社，2017.

［11］浙江年鉴编纂委员会.浙江年鉴2014［M］.杭州：浙江人民出版

社，2014.

[12] 中共浙江省委员会政策研究室，浙江省人民政府.浙江年鉴2016年 [M].杭州：浙江人民出版社，2016.

[13] 浙江年鉴编纂委员会.浙江年鉴2012 [M].杭州：浙江人民出版社，2012.

[14] 中共浙江省委员会政策研究室，浙江省人民政府.浙江年鉴2015 [M].杭州：浙江人民出版社，2015.

[15] 舟山市统计局.舟山统计年鉴2007 [M].北京：中国统计出版社，2007.

[16] 吴一林.台州统计年鉴2010 [M].北京：中国统计出版社，2010.

[17] 苏为华，张崇辉，李伟.中国海洋经济动态监测预警系统及发展对策研究 [M].北京：中国统计出版社，2014.

[18] 刘家沂，曲金良，贾旭东.海洋文化产业分类及相关指标研究 [M].青岛：中国海洋大学出版社，2016.

[19] 郑珍远，刘婧，李悦.基于熵值法的东海区海洋产业综合评价研究 [J].华东经济管理，2019，33（9）：97-102.

[20] 曲慧梅.基于DEA的高校科研投入与产出的效率评价 [J].对外经贸，2017（6）：115-119.

[21] 张治栋，王亭亭.产业集群、城市群及其互动对区域经济增长的影响——以长江经济带城市群为例 [J].城市问题，2019（1）：55-62.

[22] 冯有良，葛翠萍.海洋灾害影响我国近海海洋资源开发的测度与管理 [M].北京：科学出版社，2018.

[23] 姜秉国，韩立民.海洋战略性新兴产业的概念内涵与发展趋势分析 [J].太平洋学报，2011，19（5）：76-82.

[24] 张海生.浙江省海洋环境资源基本现状 [M].北京：海洋出版社，2013.

[25] 赵全民，蔡悦萌，王跃伟.辽宁省沿海经济带海洋经济发展研究 [M].北京：海洋出版社，2013.

[26] 白福臣，赖晓红，肖灿夫.海洋经济可持续发展综合评价模型与实证研究 [J].科技管理研究，2015（3）：59-62，86.

后　记

　　浙江是海洋大省，海域辽阔、资源丰富，是我国海岸线总长最长、海岛最多的省份，拥有丰富的海洋资源和显著的区位经济优势。2017年，浙江省海洋生产总值达7540亿元，占全省生产总值的14.56%，海洋已成为浙江省发展的重要空间、优势和潜力所在。2003年，浙江省委、省政府确定了海洋经济强省的发展战略，以建设港航物流服务体系为重点，以海洋综合开发试验区为载体，建设和保护一批重要海岛；以科技人才为支撑，建设海洋战略性新兴产业基地，打造现代海洋产业体系，加强海洋环境保护和生态建设。

　　为更好地掌握浙江省海岛及临海开发区的经济发展实际、发展趋势及存在问题，本书以大量统计年鉴和政府相关文件为基础，结合浙江省及各市县、乡镇统计年鉴资料，对浙江省海岛及临海开发区的发展状况进行系统分析与评估。

　　本书基于区域背景，梳理浙江省海岛的地理、自然资源、旅游资源和资源环境四方面的特点和优势，以海岛县（区）和海岛乡镇的专题调查提供的相关统计资料为基础，结合三经普共享数据及省、市、乡镇的统计年鉴和统计公报数据，对浙江省6个海岛县（区）、58个海岛乡镇的社会发展和经济发展情况进行了详细分析，重新认识了浙江省海岛县（区）及海岛乡镇的经济发展总体情况及海洋经济发展的现状与优劣势。其中，社会发展情况包括各海岛地区人口情况、基础设施建设情况及公共服务情况，经济发展情况涵盖浙江省海岛县（区）及海岛乡镇的经济总体水平、产业结构、就业水平和主要海洋产业的发展情况4个方面。同时，对海岛经济综合发展水平、投入产出效率、产业结构变动及其经济贡献、基础设施承载力4个方面进行深入探讨，归纳总结发展特点和存在问题，并根据分析结果提出建设性意见，以期实现浙江省海岛经济的可持续发展。

关于临海开发区的分析部分，本书结合浙江省统计局、浙江省发展和改革委员会提供的共享资料，全面分析浙江省46个临海开发区的空间资源、经济发展和产业发展特征，同时对临海开发区的综合发展水平、投入产出效率、产业聚集度和科技创新4个方面进行深入探讨，归纳总结临海开发区的建设经验和发展特点，剖析发展中存在的问题。

对浙江省7个沿海城市（杭州市、宁波市、温州市、嘉兴市、绍兴市、舟山市和台州市）的临海开发区发展情况进行分析，归纳整理出制约浙江省及各市临海开发区发展的因素，结合各市县及各临海开发区的规划文件、政策法规、重点项目、招商引资、工作报告、成功经验等材料，深入分析各临海开发区的发展特点，以进一步明确各临海开发区的功能定位，完善区域分工，促进协同发展，为各级政府全面及时地掌握临海开发区发展现状提供数据支撑。

本书结合浙江海洋经济发展所处的环境，从理论到实践，从宏观到微观，多角度对浙江省海洋行业进行调研分析，并根据分析结果提出相应的对策建议。本书内容严谨、数据翔实，希望能够帮助浙江省海洋经济各行业企业及政府部门准确把握行业发展动向，为企业制定发展战略、政府制定战略决策提供依据。

全书由浙江省海洋科学院茅克勤高级工程师牵头完成，浙江工商大学统计与数学学院陈骥教授参与了写作。其中，第一章至第七章由茅克勤负责撰写；第八章至第九章由陈骥负责撰写；浙江工商大学统计学专业的王玉颖、叶玉菁、张乐等博士生参加了资料的收集与整理工作。在此向他们表示诚挚的感谢！本书还得到了国家社科基金重大项目（21&ZD154）、浙江省高校领军人才培养计划及浙江工商大学西湖学者支持计划的资助。

尽管做了很大努力，但书中仍有许多不足之处，殷切期待读者们不吝指正，谨致衷心谢意。

茅克勤
2021年10月